# Abenteuer Weltreise

Die Welt ist ein Buch.
Wer nie reist,
sieht nur eine Seite davon.

*Aurelius Augustinus*

FSC
www.fsc.org
MIX
Papier aus verantwortungsvollen Quellen
Paper from responsible sources
FSC® C105338

**Impressum**

2. Auflage

Buchsatz & Covergestaltung: BookDesigns, www.bookdesigns.de
Titelfoto: © Jens Ottoson – Fotolia.com, © Roman Milert – Dreamstime.com
Fotos unten: © Raphael Diotti | © Thomas Hansson – Dreamstime.com | © Mathias Wenger
Herstellung und Verlag: Books on Demand GmbH, Norderstedt



Bibliografische Information der Deutschen Nationalbibliothek:

Die Deutsche Nationalbibliothek verzeichnet diese Publikation in der Deutschen Nationalbibliografie; detaillierte bibliografische Daten sind im Internet über http://dnb.d-nb.de abrufbar.

ISBN 9783842356788

Jeannette Zeuner

# Abenteuer Weltreise

**Erfüll dir deinen Traum!**

# Inhalt

# Vorwort

Die größte Sehenswürdigkeit
ist die Welt – sieh sie dir an!

*Kurt Tucholsky*

Den Traum eine Weltreise zu machen, hatte ich schon eine kleine Weile. Kurz nach meinem Tourismusstudium, nachdem ich ein Jahr lang den Arbeitsalltag geschnuppert hatte, packte mich das Reisefieber. So richtig war ich anscheinend noch nicht bereit für die Arbeitswelt. Das Leben rief nach Abenteuer! Ich wollte noch etwas sehen von der Welt, bevor ich sie auf 25 Tage Urlaub pro Jahr einteilen muss.

Zudem brauchte ich Zeit, um mir genau klar zu werden, was ich nun eigentlich machen möchte und ich dachte, so eine Weltreise gibt einem genügend Zeit und Eindrücke, um zu erforschen, was die eigene Seele denn nun möchte. Um es aber vorwegzunehmen: in dieser Hinsicht war ich nach meiner Weltreise kein bisschen schlauer und ich habe erst einmal da weitergemacht, wo ich aufgehört habe (in der Tourismusbranche, mit dem Pluspunkt: umfangreiche Destinationskenntnisse).

Aber wie so vieles im Leben, ergibt später alles einen Sinn und jetzt, einige Jahre später, kann ich sagen, ich wäre heute nie da, wo ich jetzt stehe, wenn ich damals nicht auf mein Herz gehört, und den Schritt gewagt hätte. Während der Reise kommt man nicht wirklich dazu, sich allzu groß Gedanken zu machen. Man genießt und lebt einfach in den Tag hinein bis man wieder zu Hause auf dem Flughafen landet und sich fragt: „Was nun?".

Ich habe diese Auszeit keine Sekunde lang bereut und würde jedem jederzeit empfehlen, sobald sich auch nur die kleinste Chance ergibt, eine Weltreise, ein Working Holiday Jahr oder sonst eine Auszeit zu machen – TUT ES EINFACH!

Reisen ist ganz anders als in den Urlaub zu fahren – der wahre Reisende hat keinen festgelegten Weg, noch will er an ein Ziel – wie Laotse[1] so treffend sagte. Der jährliche Pauschalurlaub an sonnensicheren Stränden und das Abhaken von Sehenswürdigkeiten hat rein gar nichts mit dem ganzheitlichen Erlebnis des Reisens zu tun. Aus diesem Grund findet ihr in diesem Buch auch keine Liste mit Sehenswürdigkeiten nach Ländern sortiert. Dafür sind Lonely Planet, Marco Polo und Co. zuständig.

Ich finde, der Sinn des Reisens liegt eher in der Begegnung mit dem Fremden und mit dir selbst. Es ist auch immer irgendwie eine Reise in die Landschaften der eigenen Seele. Auf Reisen kann man alles in Frage stellen und sich seine eigenen Antworten suchen, Meinungen bilden und Vorurteile widerlegen. Reisen bildet ungemein und lehrt dich unter anderem auch die Wertschätzung deiner Heimat. Den wirklichen Reiz des Weltreisens versteht man erst, wenn man unterwegs ist. Also geh auf deine Weltreise und kehre mit neuen Blickwinkeln zurück! Lass dich treiben, lebe in den Tag hinein und vor allem sei offen für all das Neue, was dir auf Reisen wirklich täglich begegnen wird.

---

1 Laotse ist ein legendärer chinesischer Philosoph aus dem 6. Jahrhundert und Begründer des Taoismus.

Mit der Planung meiner Weltreise habe ich ein dreiviertel Jahr vorab begonnen. Dies war keineswegs zu früh, wie ich schnell feststellte, denn es steckt ein erheblicher bürokratischer Aufwand dahinter. Die Planung hat mir persönlich sehr viel Spass gemacht und die Vorfreude quasi ins Unendliche gesteigert.

Nach monatelanger Organisation und Vorbereitung ging es dann endlich los. Bepackt mit Abenteuerlust, einem neuen Rucksack und großen Erwartungen flog ich zuerst in die Weltstadt New York. Die Stadt beeindruckt in all ihren Facetten und es gibt soviel zu entdecken – Wiederholung definitiv erwünscht!

Meine Reise ging nach wenigen Tagen weiter nach Los Angeles (typische Round-the-World-Route mit One World). Dort verbrachte ich ein paar sonnige Tage mit meinen Gasteltern aus Oklahoma (High School Aufenthalt) und amüsierte mich in Hollywood, am Sunset Boulevard, Santa Monica und Venice Beach. Nicht zu vergessen die Universal Studios. Nach dem amerikanischem Großstadttrubel waren die Fiji Islands ein spannender Gegensatz, eine komplett neue Welt. Eine Woche Südseetraum auf einer kleinen Insel auf den Yasawas (bekannte Inselgruppe nördlich der Hauptinsel Fiji's), begleitet von süßem Nichtstun und Schnorcheln, war wie Urlaub vom Urlaub. Der Schnorchelausflug zu einem Riff mitten im Ozean wird bis auf ewig in meiner Erinnerung bleiben. Noch nie habe ich so eine kunterbunte, schillernde Unterwasserwelt gesehen, nicht einmal am berühmten Great Barrier Reef in Australien ...

Da meine finanziellen Resourcen für die Weltreise begrenzt waren, hatte ich den Plan, zusammen mit einer Freundin aus Studienzeiten, in Neuseeland ein Working Holiday Jahr zu machen. Dank meinem Großvater und seiner Weltoffenheit wurde ich in Auckland von entfernten Verwandten begrüßt, die mir den Einstieg sehr erleichtert haben. Mein damals 80-jähriger Großvater hat es geliebt, im Internet zu surfen und alle gleichnamigen entfernten Verwandten in der ganzen Welt aufzuspüren. Er hat ausländische Botschaften angerufen, Emails verschickt und so Kontakt zu Menschen auf der ganzen Welt hergestellt, die auch nur im entferntesten verwandt sein könnten.

Nach einigen Tagen Akklimatisierung bei meiner neuseeländischen Gastfamilie machten wir uns daran, in Downtown Auckland ein Apartment und einen Job zu finden. Wir waren bereits innerhalb einer Woche erfolgreich und zogen in ein wunderschönes Apartment direkt an der Queens Street mit fantastischer Aussicht auf den Hafen. Der einzige Nachteil waren die fehlenden Heizungen in Neuseeland. Es war mit 13 °C im neuseeländischen Winter doch recht kalt in der Wohnung.

Ich hatte einen Job bei der internationalen Versicherungsgesellschaft AIG und meine Freundin bei einer neuseeländischen Regierungsbehörde.

Die Monate in Auckland waren eine sehr intensive Zeit und gaben uns einen tiefen Einblick in die neuseeländische Kultur, die Lebensweise und den Arbeitsalltag. Vom Arbeitsklima kann ich nur schwärmen: die Menschen motivieren sich gegenseitig und es herrscht eine sehr lockere, freundliche und dennoch zielorientierte Arbeitsatmosphäre – ganz anders als ich es bisher von Deutschland kannte.

Anschließend packte uns wieder die Reiselust; wir wollten etwas sehen von dem Land, in dem wir nun schon seit einiger Zeit lebten. Das Geld, welches wir uns erarbeitet hatten, reichte für die Wohnungsmiete, den Lebensunterhalt und einen Mietwagen. So bereisten wir dann für zwei Monate Neuseeland.

Neuseeland ist die ganze Welt in Kleinformat – dort findet man einfach alles: subtropische Strände, schneebedeckte Berge, Vulkane, Gletscher, verwachsenen Dschungel, Fjorde, Weinanbaugebiete, riesige Seen, Wasserfälle, Wale, Pinguine, Delphine und unglaublich viele Schafe ...

Bevor es weiter nach Australien ging, habe ich mir noch einen erneuten Abstecher in die Südsee erlaubt. Samoa ist noch eine dieser unberührten, vom Tourismus größtenteils verschonten Paradiesinseln (nicht zu verwechseln mit dem amerikanischen Samoa). Hier findet man diese typische tropische Postkartenidylle mit wunderschönen, menschenleeren Stränden.

Durch Australien bin ich dann die Ostküste entlang bis nach Cairns gereist und habe für eine Weile den *sunny way of life* der Australier gelebt. Danach musste ich meine Weltreise aus finanziellen Gründen etwas kürzen und bin über Bali, Singapore und Thailand zurück nach Hause geflogen – völlig pleite, aber reich an Erfahrungen und mit der Überzeugung alles Weitere nun meistern zu können.

Dies ist die Geschichte meiner Weltreise in Kurzfassung. Weitere interessante Reiseberichte von anderen Weltreisenden gibt es am Ende dieses Buches zu lesen. Lass dich inspirieren und fang an, deine eigene Weltreise zu planen!

Dieses Buch möchte dich auf dem Weg der Planung begleiten und dir helfen, deinen Traum einer Weltreise umzusetzen.

Viel Vergnügen beim Planen!
Jeannette

# 25 Highlights

Lass dich inspirieren ...

1

Bestaune die Rocky Mountains, türkise Bergseen, spektakuläre Gletscher, historische Goldminen und endlose Weiten auf dem Icefield Parkway in **British Columbia, Kanada.**

2

Fahre auf dem legendären Highway No. 1 von San Francisco bis nach Los Angeles.
**Kalifornien, USA**

3

Wandere auf uralten Trails durch die längste und tiefste Schlucht der Erde.
**Grand Canyon, USA**

4

5

Begib dich auf abenteuerliche Safari und suche nach den Big Five (Elefant, Nashorn, Büffel, Löwe, Leopard) im **Krüger Nationalpark, Südafrika.**

Erlebe atemberaubende Wolkenkratzer, vielfältige Kultur und einzigartige Sehenswürdigkeiten in der Stadt, die nie schläft. **New York, USA**

6

Tauche ein in die Welt der heiligen Kühe, prächtigen Paläste und leuchtenden Farben auf einer Reise zum **Taj Mahal, Indien.**

7

Entspanne bei Schwimmen, Tauchen, Schnorcheln und leckerem asiatischen Essen für eine Weile in einem einfachen Strandbungalow an den unzähligen Stränden **Südostasien's.**

8

Stürze dich kopfüber in das bunte Treiben auf Bangkok's Straßen, auf der Khao San Road und auf dem Floating Market. **Bangkok, Thailand**

Fahre mit einer traditionellen Dschunke durch die 2000 Inseln der **Halong Bay, Vietnam.**

9

10

Erlebe das multikulturelle Flair des kleinen modernen Inselstaates oder besuche die umliegenden Inseln.
**Singapore, Südostasien**

11

Geh auf Entdeckungsreise in deine innere Welt mit Yoga und Medition auf der spirituellen Insel der Götter.
**Bali, Indonesien**

Folge dem Ruf von Freiheit, Abenteuer und unberührter Natur und reise quer durchs Outback zum **Ayers Rock, Australien.**

12

13

Flieg mit dem Wasserflugzeug über das größte Korallenriff der Erde zu einem Schwimm- und Schorchelausflug.
**Great Barrier Reef, Australien**

14

Erlebe den Jahreswechsel bei Sommersonne am Strand und einem imposanten Feuerwerk über der Harbour Bridge in **Sydney, Australien.**

15

Geh auf Tauchgang in türkisblauen Lagunen und leuchtenden Korallenriffen.
**Fiji, Südsee**

Genieße ein Robinson Crusoe Dasein auf unberührten Südseeinseln. **Samoa, Südsee**

16

17

Bestaune das leuchtende Grün Neuseelands in allen Facetten: von leuchtendgrünen Hügeln im Norden bis zu tiefgrünen Märchenwäldern im Süden. **Taupo Bay, Neuseeland**

Spüre unendliche Freiheit in den imposanten Bergwelten ringsum Mt. Cook auf der Südinsel. **Lake Pukaki, Neuseeland**

Geh auf Wanderung in den vielfältigen Nationalparks auf der Südinsel Neuseeland's. **Westland N.P., Neuseeland**

18

19

20

Fühle die Kraft der gewaltigen Wassermassen, wenn sich der Rio Iguazu zwischen Argentinien und Brasilien in den Abgrund stürzt. **Iguazufälle, Argentinien**

21

Besuche das letzte Paradies auf Erden und begegne einzigartigen Tierarten auf den **Galapagos Inseln, Ecuador.**

22

Entdecke bizarre Felsen, Tiere und Lagunen in der eindrücklichen Landschaft Boliviens. **Laguna Colorada, Bolivien**

**23**

**24**

Besuche die schwimmenden Inseln auf dem höchsten schiffbaren See der Erde. **Titicacasee, Peru**

Begib dich auf die Spuren der sagenhaften Inkas in die mystische Tempelstadt und das Weltwunder **Machu Picchu, Peru.**

**25**

Unternimm eine spektakuläre Jeeptour durch den größten Salzsee der Welt (> 10.000 $km^2$). **Salar de la Uyuni, Bolivien**

# Planung der Reiseroute

Eins, zwei, drei, im Sauseschritt, läuft die Zeit, wir laufen mit.
Schaffen, schuften, werden älter, träger, müder und auch kälter,
bis auf einmal man erkennt, daß das Leben geht zu End'.

Viel zu spät begreifen viele die versäumten Lebensziele,
Freunde, Schönheit der Natur, Gesundheit, Reisen und Kultur.
Darum Mensch, sei zeitig weise! Höchste Zeit ist's! Reise, Reise!

*Wilhelm Busch*

## Wohin soll die Reise gehen?

Die große Entscheidung ist gefallen und du hast nun die Qual der Wahl: Wohin soll deine Reise gehen?

Zuerst einmal solltest du dir darüber im Klaren sein, welchen Zweck deine Reise haben soll. Möchtest du einfach nur vom Alltag abschalten und mehr Zeit haben, um deine Traumländer zu bereisen? Gibt es bestimmte Träume oder Visionen, die du während deiner Reise verwirklichen möchtest? Willst du fremde Sprachen lernen? Wünschst du dir einmal im Ausland zu arbeiten oder einen sozialen Beitrag zu leisten? Möchtest du Abenteuer erleben? Was genau motiviert dich? Welche Länder interessieren dich besonders und warum? Du wirst bei der Planung feststellen, die Welt ist riesig und es ist schier unmöglich, alles auf einmal zu sehen.

Viele Reisende machen den Fehler, sich zuviel vorzunehmen, und dann wird die Reise nichts anderes als eine Urlaubsreise, bei der man von einer Sehenswürdigkeit zur nächsten eilt. Nimm dir lieber die Zeit für einige wenige Länder, die dich wirklich interessieren. So lernst du mehr von der Welt kennen, als wenn du nur kurz in vielen Ländern gewesen bist. Die Flughäfen sehen schliesslich überall gleich aus. Abenteuer erlebst du, wenn du tief in die Fremde eintauchst.

Wenn du dich nicht entscheiden kannst und über die Reiseroute noch nicht im Klaren bist, helfen dir diese Schritte vielleicht weiter:

1. Nimm dir einen Weltatlas und notiere dir alle Länder, die du unbedingt bereisen willst.

2. Entscheide, wie lange du reisen möchtest (oder kannst) und überlege, welche Erfahrungen (Volunteering, Work & Travel, Auslandsstudium, Sprache lernen, Sightseeing, Abenteuer ...) du während deiner Reise machen möchtest.

3. Hol dir Empfehlungen von anderen Reisenden, stöbere im Internet auf Weltreiseseiten, lies Reiseführer oder Bücher von ehemaligen Weltreisenden.

4. Lass dich auf Tourismusmessen inspirieren oder im Reisebüro beraten.

Folgende Bücher sind zur Inspiration empfehlenswert:

- *„The Travel Book"* von Lonely Planet
- *„Travel – Where to go when"* von Eye Witness Travel
- *„Journeys of a Lifetime: 500 of the World's Greatest Trips"* von National Geographic
- *„Once in a Lifetime Trips: The World's 50 Most Extraordinary and Memorable Travel Experiences"* von Chris Santella
- *„100 Countries, 5.000 Ideas: Where to Go, When to Go, What to See, What to Do"* von National Geographic
- *„1.000 Places to see before you die"* von Patricia Schultz
- *„Traveller's Atlas – der Atlas für den Weltreisenden"* von John Man

Die Auswahl der Länder und die Länge der Aufenthaltsdauer an jedem Ort ist von diversen Faktoren abhängig: Wie groß ist das Land? Was möchtest du dort alles sehen? Wieviel Geld benötigt man dort für Unterkunft und Transport? Welche Sicherheitslage herrscht in dem Land? Für wie lange bekommt man eine Aufenthaltsgenehmigung? Wo soll deine Reise starten und wo soll sie enden? Die Entscheidung liegt ganz bei dir, wo du wie lange bleiben möchtest. Leg dich nicht zu sehr bei deiner Planung fest. In der Regel reicht es, wenn du einen groben Zeitrahmen steckst.

Wenn dies deine erste große Reise ist, beginne mit den Ländern, die nicht so andersartig sind. Am Anfang deiner Reise bist du leichter kulturschockgefährdet, als wenn du schon einiges erlebt und gesehen hast. Sinn macht es auch, die Reise in teureren Ländern zu beginnen, wie zum Beispiel Kanada oder Australien und wenn dann das Geld knapp wird, die kostengünstigeren Länder in Asien oder Südamerika zu bereisen.

Wenn du schließlich eine Liste mit deinen Wunsch-Destinationen fertig hast, stellt sich die Frage: Wie kommt man dort am besten hin und wie verbindet man all diese Länder in einer sinnvollen Reihenfolge?

Das nachfolgende Kapitel zum Thema Reiseklima und Flugbuchung soll dir helfen, diese Fragen zu beantworten. Du wirst feststellen, es ist nicht alles in der Reihenfolge ratsam, wie du es vielleicht bis jetzt geplant hast.

## Klima und Reisewetter

Bei einer Reise um die Welt ist es nicht immer leicht, die ganze Zeit mit dem schönsten Wetter zu reisen. In vielen Destinationen gibt es ungünstige Zeiten zum Reisen, wie zum Beispiel Regenzeiten, tropische Wirbelstürme, tiefster Winter oder unerträgliche Hitze. Von daher sollte man bereits bei der Planung auf die verschiedenen Klimabesonderheiten achten. Im ungünstigsten Fall kann man in Naturkatastrophen geraten und nur wenig vor Ort unternehmen. Die Herausforderung besteht also darin, die Route so zu planen, dass man möglichst immer zur besten Reisezeit unterwegs ist.

Auf der Internetseite

*http://weltreise-info.de/route/reisezeiten.html*

findest du z.B. ein Reisezeitentool, mit dem du prüfen kannst, ob die gewählte Reihenfolge der Destinationen passt. Es gibt einen guten Überblick, wann jeweils die beste Reisezeit ist.

Um dir eine kleine Starthilfe bei der Planung zu geben, folgen hier die beliebtesten Weltreiseregionen mit einer kurzen Beschreibung der besten Reisezeit. Weitere Informationen finden sich auch im Internet:

- auf den Webseiten des Fremdenverkehrsamtes
- *www.travel-climate.com*
- *www.optimale-reisezeit.de*

**Kanada**

Generell ist Kanada ein ganzjähriges Reiseland – es kommt immer darauf an, was man dort machen möchte. Für Wintersportler liegt die optimale Reisezeit zwischen November und März.

In den Rocky Mountains liegt sehr früh Schnee und die Skigebiete in Kanada zählen den großartigsten der Welt. Die Winter in Kanada können sehr kalt werden mit Temperaturen von bis zu -35 °C. Für Rundreisen empfehlen sich die Monate von Mai bis Oktober, wobei viele Besucher im September und Oktober reisen, um an der Ostküste den Indian Summer mitzuerleben, der die Landschaften in glühende Farben taucht.

An der Westküste Kanadas herrscht ein maritimes Klima mit vielen Niederschlägen – die Winter sind nicht sehr kalt und die Sommer eher kühl. Im Landesinneren Kanadas herrscht kontinentales Klima: der Sommer ist in der Regel warm mit durchschnittlich 25 °C. An der Atlantikküste Kanadas sind die Sommer etwas kühler. Im Juli und August sind sehr viele Touristen unterwegs, so dass frühzeitiges Reservieren ratsam ist. Eine gute Reisezeit ist daher auch in der Vorsaison von Mai bis Juni.

## USA

Die USA gelten als Ganzjahresreiseziel. Sie werden in der Regel in 5 Klimazonen unterteilt. Der Süden hat sehr heiße, trockene Sommer und ist auch in den Wintermonaten angenehm warm. Jedoch ist im Süden von Juni bis Ende November Hurrikansaison – besonders in Texas und Florida sei während dieser Jahreszeit zur Vorsicht geraten.

Im Landesinneren der USA herrscht ein überaus trockenes Klima mit sehr heißen Sommern von bis zu 40 °C. Von März bis Juni können im Landesinneren Tornados auftreten – vor allem die Staaten Oklahoma, Kansas, Texas und New Mexiko sind öfter betroffen. Ursache für dieses Wetterphänomen ist das Zusammentreffen feucht-warmer Luftmassen aus dem Golf von Mexiko und trocken-kalter Luft aus dem Norden.

An der Westküste der USA sind die Sommer warm, im Süden sehr heiß und die Winter mild. Die optimale Reisezeit für die Ostküste ist von Mai bis Oktober, wenn es angenehm warm ist. Im Norden gibt es jeweils sehr strenge Winter mit viel Schnee und kurze warme Sommer.

Im Bundesstaat Hawaii herrscht tropisches Klima mit Regenzeiten im Dezember und Januar. Die optimale Reisezeit für Alaska ist von Mai bis September.

## Mittelamerika

In Zentralamerika und der Karibik ist es im Winterhalbjahr (November bis Mai) am angenehmsten. Touristische Hochsaison ist in der Karibik von Dezember bis Mai. Von Juni bis November herrscht Regenzeit und es droht Hurrikangefahr. Die niederländischen Antillen, Grenada, Trinidad und Tobago befinden sich außerhalb des Hurrikangürtels und können ganzjährig bereist werden.

## Südamerika

In Südamerika gibt es die verschiedensten optimalen Reisezeiten. Grundsätzlich gelten für die Inkastaaten (Peru, Bolivien, Ecuador) und die Anden die Monate Mai bis Oktober als beste Reisezeit. Den Süden des Kontinents sollte man dagegen eher von Oktober bis April bereisen – im Sommer auf der Südhalbkugel. Eine Reise in den Urwald des Amazonas kann man am besten zwischen Juni und Oktober unternehmen, außerhalb der Regenzeit. Brasiliens nördliche Atlantikküste ist von September bis Februar am sonnigsten, etwas weiter südlich zum Beispiel nach Rio de Janeiro kann man gut von November bis April reisen. Für Argentinien ist es schwierig eine „beste Reisezeit“ zu bestimmen, da es eine enorme Nord-Südausdehnung hat. Nach Patagonien reist man am besten von November bis März. Das gleiche gilt für Chile. Die Osterinseln können das ganze Jahr über bereist werden.

## Südafrika

Südafrika bietet ganzjährig gute klimatische Voraussetzungen für einen Besuch. Die beste Reisezeit für die Region um Kapstadt sowie die Gartenroute ist von September bis Mai. Im Hochsommer von Dezember bis Februar sind viele Touristen unterwegs. Die Sommer sind sehr heiß mit über 30 °C. Für den Nordosten und die subtropische Küste KwaZulu sind die trockenen

Wintermonate von Juni bis August besonders geeignet. Dies ist auch die beste Zeit für Tierbeobachtungen.

## Australien

Australien ist ebenfalls ein Ganzjahresziel. Der australische Sommer dauert von Dezember bis Februar, wobei ungefähr 40 % Prozent Australiens in den Tropen liegen und somit immer warm sind. In Nordaustralien sind die Sommer sehr feucht und tropische Regenfälle sind von Januar bis April zu erwarten. Zentralaustralien ist im Sommer sehr heiß und trocken, die Ostküste sehr heiß und feucht. Die südlichen Küstengebiete, einschließlich Perth, Adelaide und Melbourne sind ebenfalls heiß, aber mit geringem Niederschlag. Der australische Winter ist die günstigste Reisezeit für Nordaustralien und das Great Barrier Reef. In Zentralaustralien sind die Tage frisch und die Nächte kalt, aber es macht das Reisen zum Uluru angenehmer. In Tasmanien und Südaustralien werden die Winter recht kalt. Im Bundesstaat Victoria kann man sogar Skifahren.

In den nordöstlichen Küstengebieten (nördlich von Brisbane) ist von Oktober bis Mai die Quallensaison zu beachten. Sie erschwert das Baden und Tauchen im Meer. Man sollte nur in abgesperrten Zonen oder mit Schutzanzug schwimmen, da eine Berührung sogar tödlich enden kann.

## Neuseeland

In Neuseeland findet man die gleichen Jahreszeiten und Temperaturen wie in Europa, nur entgegengesetzt. Die optimale Reisezeit ist in den Sommermonaten von November bis April, doch auch der Frühling und der Herbst können sehr schön sein. Wanderungen auf der Südinsel sind in der Regel nur im Sommer möglich, da die Wanderwege aufgrund der Schneefälle oder Schneeschmelze im Frühling und Herbst häufig schon oder noch gesperrt sind.

Zum Skifahren ist die Südinsel in den Wintermonaten empfehlenswert, doch auch im Frühjahr oder im Herbst ist dies teilweise möglich. Die Winter sind im Norden kühl und regnerisch, auf der Südinsel können bis zu -10 °C werden.

Wer plant, an den „Great Walks" teilzunehmen, muss sich rechtzeitig im Voraus online dafür registrieren, da nur eine begrenzte Zahl an Wanderern zugelassen wird und die Wanderungen in den Sommermonaten oft lange im Voraus ausgebucht sind. *(www.walknewzealand.com)*

### Südsee

Die tropischen Südseeinseln lassen sich am besten zwischen Mai und Oktober bereisen, da das Wetter dann von einem idealen warmen und sonnigen Klima geprägt ist. Die Temperaturen liegen ganzjährig zwischen 25 °C und 30 °C.

Während der Regenzeit von November bis April kann es zu tropischen Wirbelstürmen kommen. Im Juli und August ist teure Hochsaison, in der viele Australier und Neuseeländer in die Südsee flüchten.

### Indonesien

Als optimale Reisezeit für Indonesien gilt die Trockenzeit von Mai bis Oktober. In Indonesien reicht die Regenzeit von

November bis März, es regnet jedoch nicht kontinuierlich. In der Nebensaison (Regenzeit) findet man nur wenige Touristen und günstigere Preise, was das Reisen angenehmer macht. Die Sonne zeigt sich auch in der Regenzeit fast täglich.

**Südostasien**

Die beste Reisezeit für Südostasien ist das Winterhalbjahr (November bis April) mit einigen Ausnahmen. Die Südostküste von Thailand, die Ostküste von Malaysia sowie die zentrale Küste von Vietnam sind von Juni bis August zu empfehlen.

Während der Monsunzeit (Mai bis Oktober) ist es sehr heiß mit extrem hoher Luftfeuchtigkeit. Es gibt häufig Überschwemmungen und die Strassen sind nicht passierbar. Auf den Philippinen kommt es oft zu Wirbelstürmen. In Singapore herrscht ganzjährig tropisches Klima mit fast täglichen kurzen Niederschlägen. Die Insel Borneo mit Sarawak und Sabah ist von März bis September gut zu bereisen. Die günstigste Zeit für Bergbesteigungen ist von Februar bis April.

**Asien**

Die besten Reisezeiten für Asien sind der Frühling und der Herbst. Der Winter ist in einigen Regionen zu kalt (Tibet, Nordchina, Nordjapan und Korea) und im Hochsommer (Juli, August) ist es mit Temperaturen bis über 40 °C sehr heiß und sehr regenreich, verbunden mit vielen Überschwemmungen. Für China ist Mai bis Juni und September bis Oktober eine schöne Reisezeit. Es ist ratsam, von Mai bis Oktober nach Tibet zu reisen und von Oktober bis April nach Hong Kong.

Japan ist im Frühling zur Kirschblüte sehr empfehlenswert und im Oktober ist es dort angenehm kühl. Im Sommer ist es im südlichen Japan sehr regnerisch und feuchtheiß, in Hokkaido ist der Sommer jedoch die beste Zeit für Wanderungen.

### Indien

In Indien gibt es viele Wetterextreme, die man meiden sollte: Temperaturen über 50 °C, starker Monsunregen mit Überschwemmungen oder starke Schneefälle. Aufgrund der verschiedenen Klimazonen von Indien ist es schwierig pauschal zu sagen, welches nun die beste Reisezeit ist.

Die Himalaya Region sollte man während der Sommermonate von Juni bis September bereisen. In vielen anderen Gebieten Indiens ist während dieser Monate Regenzeit. Im September und Oktober folgt dann die Hitzeperiode. Als optimale Reisezeit für Zentralindien und die Küstengebiete gilt Ende November bis März.

### Arabische Halbinsel

Das Klima der arabischen Halbinsel ist subtropisch. Im Inland herrscht trockenes Wüstenklima, während es an den Küsten feuchtheiß ist. Die günstigste Zeit für einen Besuch ist zwischen November und April, wenn sich die Temperaturen zwischen 20 °C und 30 °C bewegen. In den Sommermonaten wird es unerträglich heiß mit über 40 °C.

Zum Abschluß werden hier nun zwei Reiserouten vorgestellt, die auf die klimatischen Verhältnisse in den jeweiligen Regionen angepasst sind. Die erste Route startet im Juli in Kanada und die zweite Route beginnt im Oktober in Südafrika.

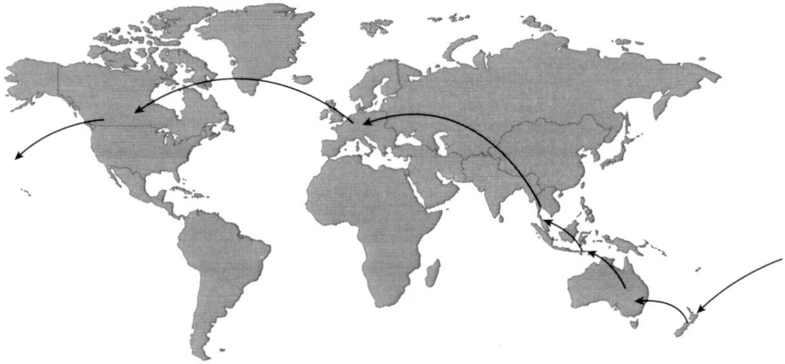

Kanada – Europa – Südostasien – Indonesion – Australien – Neuseeland – Südsee

Sep./Aug./Juli Juni/Juli Apr./Mai Jan./Feb./März Dez./Jan. Okt./Nov.

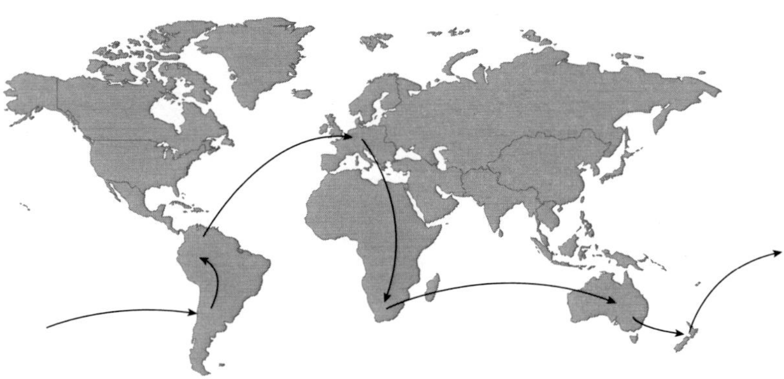

Chile – Peru – Ecuador – Europa – Südafrika – Australien – Neuseeland – Südsee

Mai – September Okt./Nov. Dez./Jan. Feb./März April

## Visa und Einreisebestimmungen

Um sich sorgfältig auf die Reise vorzubereiten, ist es wichtig, sich vorher mit den Visa- und Einreisevorschriften der gewünschten Reiseziele zu befassen. Viele Länder verlangen ein Visum bei der Einreise, welches vor der Abreise bei der Botschaft beantragt werden muss. Wer plant, länger in einem Land zu bleiben, sollte sich zuvor unbedingt bei der Botschaft über die Möglichkeiten und Voraussetzungen erkundigen.

Die folgende Tabelle[1] gibt eine Übersicht zu den typischen Weltreiseländern und zeigt, ob man ein Visum benötigt und für wie lange man ohne bzw. mit Visum einreisen darf. Weitere detaillierte Informationen finden sich auf der Internetseite der Botschaft des jeweiligen Landes oder beim Auswärtigen Amt des eigenen Landes. Es ist auch ratsam, sich dort vorab zu informieren, ob Reisewarnungen zum Land vorliegen und wo es aktuell gefährlich sein kann.

1 Die Informationen gelten für Deutsche, Österreichische und Schweizer Staatsbürger. Bei Abweichungen ist dies speziell erwähnt. Alle Angaben ohne Gewähr. (Stand 2012)

| Land | Visums-pflicht | Aufenthalts-dauer | Adresse der Botschaft |
|---|---|---|---|
| Argentinien | Nein | 90 Tage | Botschaft in Wien (A)<br>Goldschmiedgasse 2<br>✆ +43 (1) 533 85 77 0<br><br>*www.argentinische-botschaft.de*<br>*www.suiza.embajada-argentina.gov.ar* |
| Australien | Ja | 3–12 Monate | *www.immi.gov.au/e_visa*<br>(Online Visa Antrag)<br><br>* für Deutsche Working Holiday Visum für 12–24 Monate |
| Bolivien | Nein | 90 Tage*<br>(CH nur 30 Tage) | *www.bolivia.de*<br>*www.bolivia.at*<br><br>Konsulat in Bâle (CH)<br>Sevogelplatz 2<br>✆ +41 (61) 312 44 45 |
| Brasilien | Nein | 90 Tage | *www.brasilianische-botschaft.de*<br>*www.brasbern.ch*<br>*http://viena.itamaraty.gov.br* |
| Burma (Myanmar) | Ja | 3 Monate | *www.botschaft-myanmar.de*<br>*www.myanmargeneva.org*<br><br>keine Vertretung in Österreich<br><br>* bestimmte Regionen sind nur mit Bewilligung der Behörden bereisbar |

| Land | Visums-pflicht | Aufenthalts-dauer | Adresse der Botschaft |
|---|---|---|---|
| Chile | Nein* | 90 Tage | *www.embajadaconsuladoschile.de*<br><br>Konsulat in Bern und Zürich (CH)<br>✆ +41 (31) 370 00 58<br><br>Konsulat in Wien (A)<br>Lugeck I<br>✆ +43 (1) 512 92 08<br><br>* Touristenkarte bei Einreise |
| China | Ja | 30 Tage | *www.china-botschaft.de*<br>*www.china-embassy.ch*<br>*www.chinaembassy.at*<br><br>* in China besteht Meldepflicht bei der lokalen Polizei bei Aufenthalten über 24 Stunden an einem Ort. Das Hotel übernimmt diese Meldung automatisch. |
| Hong Kong | Nein | 90 Tage | |
| Costa Rica | Nein | 90 Tage | *www.botschaft-costarica.de*<br><br>Botschaft in Bern (CH)<br>Marktgasse 51<br>✆ +41 (31) 372 78 87<br><br>Botschaft in Wien (A)<br>Wagramer Str. 23<br>✆ +43 (1) 263 38 24 |

| Land | Visums-pflicht | Aufenthalts-dauer | Adresse der Botschaft |
|---|---|---|---|
| Ecuador | Nein | 90 Tage | *www.ecuadorembassy.de*<br><br>Botschaft in Berlin (D)<br>Joachimstalerstrasse 12<br>✆ +49 (30) 800 96 95<br><br>Botschaft in Wien (A)<br>Goldschmiedgasse 10<br>✆ +43 (1) 535 32 08<br><br>Botschaft in Bern (CH)<br>Kramgasse 54<br>✆ +41 (31) 351 17 55 |
| Indien | Ja | 6 Monate | *www.indischebotschaft.de*<br>*www.indembassybern.ch*<br>*www.indianembassy.at* |
| Indonesien | Ja | 30 Tage | *http://botschaft-indonesien.de*<br>*www.indonesia-bern.org*<br>*www.kbriwina.at*<br><br>* Visum bei Einreise vor Ort |
| Japan | Nein | 90 Tage | *www.de.emb-japan.go.jp*<br>*www.ch.emb-japan.go.jp*<br>*www.at.emb-japan.go.jp*<br><br>* für Deutsche Working Holiday Visum für 12 Monate |

| Land | Visumspflicht | Aufenthaltsdauer | Adresse der Botschaft |
|---|---|---|---|
| Kambodscha | Ja* | 30 Tage | *http://www.mfaic.gov.kh/evisa/*<br>(Online Visa Antrag)<br><br>*www.kambodscha-botschaft.de*<br><br>* teilweise an Grenzübergängen, sonst 2 Wochen vor Einreise online zu beantragen |
| Kanada | Nein | 6 Monate* | *www.canadainternational.gc.ca*<br>(Informationen unter "Canadian Offices Abroad")<br><br>* für Deutsche und Österreicher Working Holiday Visum für 12 Monate |
| Laos | Ja | 30 Tage (bis 14 Tage für CH kein Visum nötig) | Botschaft in Berlin (D)<br>Bismarckallee 2a<br>✆ +49 (30) 890 606 47<br><br>*www.laos-swiss.ch*<br><br>Konsulat in Wien<br>Neulinggasse 29<br>✆ +43 (1) 890 2319 11<br><br>* Visum bei Einreise an internationalen Flughäfen bzw. Grenzübergängen |

| Land | Visums-pflicht | Aufenthalts-dauer | Adresse der Botschaft |
|---|---|---|---|
| Malaysia | Nein* | 3 Monate | *www.kln.gov.my/perwakilan/berlin/*<br><br>Botschaft in Bern (CH)<br>Jungfraustrasse 1<br>✆ +41 (31) 350 47 00<br><br>Botschaft in Wien (A)<br>Florisdorfer Hauptstrasse 1–7<br>✆ +43 (1) 505 10 42<br><br>* für Sarawak und Sabah Visum bei Einreise für 30 Tage |
| Mexiko | Nein* | 30–90 Tage | *http://portal.sre.gob.mx/alemania/*<br>*www.sre.gob.mx/suiza*<br>*http://embamex.sre.gob.mx/austria/*<br><br>* Touristenkarte bei Einreise |
| Nepal | Ja* | 30 Tage | *www.nepalembassy-germany.com*<br>*www.nepal.at*<br>*www.immi.gov.np*<br><br>Botschaft in Genf (CH)<br>Rue de la Servette 81<br>✆ +41 (22) 733 26 00<br><br>* Visa notfalls auch bei Einreise am Flughafen in Kathmandu (mit Wartezeit rechnen) |

| Land | Visums-pflicht | Aufenthalts-dauer | Adresse der Botschaft |
|---|---|---|---|
| Neuseeland | Nein | 3 Monate | *www.nzembassy.com*<br>*www.immigration.govt.nz*<br>(online Visa Anträge)<br><br>* für Deutsche Working Holiday Visum für 12 Monate |
| Peru | Nein | 3 Monate* | *www.embaperu.de*<br>*www.embajadaperu.ch*<br>*www.embaperuaustria.org*<br><br>* Verlängerung möglich |
| Philippinen | Nein* | 21 Tage | *www.philippine-embassy.de*<br>*www.philippine-embassy.at*<br><br>Konsulat in Bern (CH)<br>Kirchenfeldstrasse 73–75<br>✆ +41 (31) 350 17 17<br><br>* Touristenvisum bei Einreise |
| Russland | Ja* | 1 Monat | *www.russisches-konsulat.de*<br>*www.consulrussia.ch*<br>*www.rusemb.at*<br><br>* Registrierungspflicht innerhalb von 7 Tagen nach Einreise bei der Migrationsbehörde über den Gastgeber |

| Land | Visumspflicht | Aufenthaltsdauer | Adresse der Botschaft |
|---|---|---|---|
| Singapore | Nein* | 90 Tage | *www.visitsingapore.com*<br>*www.mfa.gov.sg*<br><br>* Visa für Sprachaufenthalte und Working Holiday möglich |
| Südafrika | Nein | 90 Tage | *www.suedafrika.org*<br>*www.southafrica.ch*<br>*www.saembvie.at* |
| Thailand | Nein | 30 Tage | *www.thaiembassy.de*<br>*www.thai-consulate.ch*<br>*www.thaiconsulate-salzburg.at*<br><br>* bei Einreise auf dem Landweg ohne Visa ist nur ein Aufenthalt von 15 Tagen möglich |
| USA | Nein* | 90 Tage | *www.usembassy.gov*<br>*https://esta.cbp.dhs.gov/esta/*<br>(ESTA Antrag online)<br><br>* abhängig vom Reisepass, Rückflugticket, elektronische Einreiseerlaubnis (ESTA) |
| Vietnam | Ja | 1 Monat | *www.vietnambotschaft.org*<br>*www.vietnam-embassy.ch*<br>*www.vietnamembassy-austria.org* |

## Zeitplanung

Wenn einer eine Reise macht, könnte man doch meinen, ein Reisepass, eine Kreditkarte und ein Rucksack mit dem Nötigsten würde reichen, um loszuziehen. Doch nicht jeder von uns ist so flexibel. Vor der Abreise gibt es noch eine Menge zu tun ...

Hier ein Überblick, wann du ungefähr welche Dinge erledigen kannst. Der Countdown läuft ...

### 6–12 Monate vor der Abreise

- Entscheidung treffen
- Finanzierung sicherstellen und Budget festlegen
- Reiseroute grob planen
- Recherche in Bezug auf Visa- und Einreisebestimmungen
- Recherche bezüglich Impfungen
- sofern nötig, neuen Reisepass beantragen
- Flug reservieren (Anzahlung)

### 3–6 Monate vor der Abreise

- Visa einholen
- Wohnung kündigen bzw. Nachmieter suchen
- mit den notwendigen Impfungen beginnen
- Vorsorgeuntersuchungen beim Arzt
- zusätzliche Kreditkarte beantragen
- Job kündigen, sofern nötig

EINE KARTE.
WELTWEIT*
ZAHLEN!
staTRAVEL
CashFLEX
300 SHOPS
★ weltweit ★
35 JAHRE
ERFAHRUNG
REISEN FÜR WELTENTDECKER
sta TRAVEL
www.statravel.de

# JETZT ZUGREIFEN UND SORGENFREI REISEN

- flexibel
- einfach
- sicher
- spare Gebühren
- verdiene 5 % Cashback
- erhalte Vergünstigungen**

Abb. exemplarisch

Preis der STA Travel CashFLEX Prepaid Mastercard®: 9,95 €
Preis der STA Travel ISIC CashFLEX Prepaid Mastercard®: 15 €

**Vergünstigungen erhältst du nur mit der ISIC Variante

# DEINE VORTEILE AUF EINEN BLICK

- zeitgemäße Alternative zu Bargeld
- einfache Verwaltung von Karte und Guthaben rund um die Uhr – online, per Telefon und per SMS
- volle Budgetkontrolle: Es kann nur ausgegeben werden, was vorher auf die Karte geladen wurde
- keine Bonitätsprüfung notwendig
- weltweiter Einsatz an über 35 Millionen Akzeptanzstellen und 2 Millionen Geldautomaten
- weltweit keine Gebühren beim Einsatz deiner Karte
- Aufladen der Karte ist kinderleicht
- Lohn und Gehalt oder andere Einnahmen, selbst per Dauerauftrag, können einfach und kostenfrei auf die Karte gezahlt werden

# CASHBACK

Das gibt's nur bei uns – mit der STA Travel CashFLEX-Karte sparst du nicht nur Geld, du kannst dir sogar etwas verdienen! Auf alle Käufe, die du in einem STA Travel Shop tätigst, erhältst du 5 % deines Umsatzes als Gutschrift, wenn du mit deiner Karte zahlst. Dies gilt für alle Buchungen solange deine Karte noch gültig ist – egal, ob hier in Deutschland oder unterwegs auf Reisen.

* Überall dort, wo das MasterCard-Akzeptanzzeichen abgebildet ist.

** Die STA Travel CashFLEX Dienste werden von TuxedoMoneyPlus zur Verfügung gestellt. MasterCard ist eine eingetragene Marke der MasterCard International Incorporated. Die Karte wird ausgestellt von Wirecard Card Solutions Ltd („WDCS"), ermächtigt durch MasterCard International Inc. WDCS ist durch die britische Finanzdienstleistungsaufsicht befugt, elektronische Geld-Dienstleistungen durchzuführen gemäß den Electronic Money Regulations 2011 (Ref: 900051).

## 1–2 Monate vor der Abreise

- internationalen Führerschein beantragen
- evtl. internationalen Studentenausweis beantragen
- Ausrüstung kaufen
- Reiseapotheke kaufen
- Dauermedikamente kaufen oder Rezept besorgen
- evtl. internationales Rezept für Kontaktlinsen besorgen
- Reiseversicherung abschließen
- ausländische Währung und Reisechecks kaufen
- Steuererklärung vorbereiten
- Reiseführer kaufen/Informationen zu Reisezielen recherchieren
- Flugticket ausstellen lassen (Restzahlung)

## kurz vor der Abreise

- Nachsendeauftrag bei der Post bestellen
- Passfotos für Visa unterwegs machen lassen
- erste Unterkunft buchen
- Vollmacht ausstellen
- Dokumente für deine Vertrauensperson zusammenstellen
- wichtige Dokumente einscannen & im Emailaccount sichern
- einmal zur Probe packen
- nötige Behördengänge
- Liste mit Inhalt vom Rucksack für die Versicherung schreiben
- Online Banking für unterwegs sicherstellen
- Abschiedsparty organisieren

# Finanzierung der Weltreise

Wenn man mich fragt, warum ich reise,
antworte ich:
Ich weiß wohl, wovor ich fliehe,
aber nicht, wonach ich suche.

*Michel de Montaigne*

## Wie finanziere ich eine Weltreise?

Soviel steht fest, in der heutigen Zeit kann sich fast jeder eine Weltreise leisten – mit genügend Vorlaufzeit, eisernem Sparwillen und einer guten Finanzplanung.

Eine Weltreise kostet nicht die Welt, sondern legt dir die Welt zu Füßen. Im normalen Fall schafft man es auch ohne Lottogewinn oder Bankraub, das Geld für die ersehnte Reise in ca. zwei Jahren aufzutreiben. Die effektivste Methode ist, sich jeden Monat einen bestimmten Betrag auf ein Sparkonto zu überweisen.

Besonders geeignet sind sogenannte Tagesgeldkonten, die mehr Zinsen bringen als normale Sparkonten und zudem meist kostenlos sind. Solch ein Tageskonto bietet zum Beispiel die DKB AG (*www.dkb.de*) und die comdirect Bank AG (*www.comdirekt.de*) an. Bei der DKB ist sogar eine kostenlose Visakarte dabei und es ist möglich, weltweit kostenfrei an Bankautomaten Geld abzuheben. Eventuell bietet dir deine Hausbank auch ein Tagesgeldkonto mit guten Konditionen an.

Berechne nun einmal deine monatlichen Ausgaben und entscheide, was davon alles Luxus ist und zugunsten der Weltreise für eine Weile wegfallen könnte. Gibt es Zeitungsabonnements, auf die du verzichten könntest? Irgendwelche unnützen Versicherungen? Hast du einen optimalen Handytarif oder aus Bequemlichkeit immer noch den gleichen wie vor drei Jahren? Kannst du deine Telefon- und Internetkosten reduzieren? Hast du diverse Verträge laufen oder Mitgliedschaften, auf die du verzichten kannst? Musst du wirklich so oft ins Restaurant oder ins Kino gehen? Überlege gut, welche Anschaffungen du in nächster Zeit noch machst und ob diese nicht warten können bis nach der Reise?

Versteigere doch alle Sachen, die nur herumstehen oder verkaufe auf dem Flohmarkt alle Dinge, die du nicht mehr benötigst. Wie hoch ist deine Miete, käme eine WG für eine Weile in Frage? Lass dir zu jeder Feierlichkeit (Geburtstag, Ostern, Weihnachten) Geld für die Reise schenken und bedanke dich dann bei deinen Sponsoren mit einem kleinen Mitbringsel. Kannst du dein Auto noch verkaufen und damit Geld locker machen? Denk an die Unterhaltskosten, die anfallen würden, wenn du unterwegs bist (wo unterstellen, Rost und Abnutzung etc.). Hast du noch Zeit für einen Nebenjob? Oder macht es Sinn, deine Wohnung für eine Zeit unterzuvermieten?

Diese und andere Fragen solltest du dir stellen und überlegen, wie du am besten Geld sparen kannst. Und immer daran denken, auch kleine Beträge summieren sich letztendlich und ermöglichen es dir, deinen großen Traum zu verwirklichen.

Viele Weltreisende finanzieren sich auch während der Reise, indem sie sich ein Working Holiday Visum für Kanada, Australien oder Neuseeland besorgen und dort eine Weile bleiben und jobben. Es gibt auch die Möglichkeit unterwegs für Kost und Logis zu arbeiten. Mehr Informationen diesbezüglich findest du im Kapitel *„Sprachen lernen und arbeiten während der Reise"*.

Auf die Frage, was nun genau eine Weltreise kostet, kann man keine genaue Antwort geben, da es sehr unterschiedlich ist und immer darauf ankommt, welchen Reisestil du wählst, wie lange du unterwegs bist, welche Länder du bereist, ob du alleine oder zu zweit reist und vieles mehr. Das nächste Kapitel soll dir trotzdem helfen, eine grobe Kostenkalkulation aufzustellen und dir einen ersten Ansatzpunkt für dein benötigtes Weltreisekapital geben.

## Budgetplanung

Eine Weltreise kostet Geld, bevor man überhaupt losgefahren ist. Der Anteil der Kosten, der vor der Reise berücksichtig werden muss, ist erheblich. Hier geht es vor allem um folgende Posten:

✧ Flugticket
✧ Visa (Visum vor Einreise & aktuelle Passfotos)
✧ Sicherheit (Versicherungen wie z.B. Kranken-, Unfall-, Diebstahl-, Reiserücktrittskostenversicherung etc.)
✧ Gesundheit (Besuche beim Zahnarzt, Frauenarzt, Augenarzt etc. vor der Abreise, benötigte Impfungen, Medikamente und Reiseapotheke)
✧ Behörden (Postweiterleitung, Reisepass, Bescheinigungen)
✧ Ausrüstung (Rucksack, Kleidung, Kamera, Reiseliteratur ...)

Weiterhin hat man während der Reise laufende Fixkosten zu Hause, die man mit einkalkulieren und minimieren sollte, da man in dieser Zeit in der Regel kein Einkommen hat und diese mitfinanzieren muss. Diese Nebenkosten, wie zum Beispiel laufende Versicherungen, Unterstellkosten für Möbel, Raten für das Auto o. ä. gehören also mit in die Kostenplanung.

Was kostet nun aber die eigentliche Reise? Dies hängt im Wesentlichen von nachfolgenden Faktoren ab:

1. **Reisedauer** – Es gilt zu überlegen, wie lange man sich das Reisen finanzieren kann. Üblicherweise kann man sagen, je länger man unterwegs ist, desto günstiger wird die Reise im Vergleich zu einer normalen Urlaubsreise. Die Lebenshaltungskosten sind in vielen Ländern dieser Welt niedriger als in Deutschland, der Schweiz oder Österreich.

2. **Länderwahl** – Einen grossen Einfluss hat die Auswahl der Destinationen. Da Nordamerika sehr viel teurer als Asien ist, kannst du mit dem gleichen Geld dort mindestens doppelt soviel Zeit verbringen. Am Ende dieses Abschnitts findest du eine Tabelle, die das ungefähre Tagesbudget pro Reiseland anzeigt. Dies kann als erste Orientierung zur Kalkulation dienen.

3. **Allein oder zu zweit** – Die Rechnung ist einfach: zu zweit gibt man weniger Geld pro Kopf aus, als wenn man alleine unterwegs ist. Man kann vieles halbieren, wie zum Beispiel den Zimmerpreis, das Essen oder die Fahrzeugkosten.

4. **Lebensstil** – Wer sich unterwegs öfter westlichen Luxus in schönen Hotels, teure Aktivitäten oder Transportmittel leistet, wird logischerweise wesentlich mehr Geld benötigen als jemand der wirklich „low budget" reist und in Hostels übernachtet, mit lokalen Bussen fährt und eher Wanderungen in der Natur unternimmt, anstatt Bungee Jumping zu machen.

5. **Transportmittel** – Schnelle Transportmittel sind in der Regel teurer, wobei sich das abhängig vom Land relativiert. In Südostasien kann man dank der vielen Low Cost Airlines für ca. 20 US$ von Singapore nach Bangkok fliegen. Früher hat man auf dem Landweg mit dem Bus soviel bezahlt. Es ist wichtig, zu recherchieren, welche Möglichkeiten es jeweils gibt und wie man sich fortbewegen möchte. Der Mietwagen oder Autokauf ist meistens die kostspieligste Variante, wobei es z.B. in Australien auch möglich ist, ein Auto zum gleichen Preis anschließend wieder an den nächsten Reisenden zu verkaufen. Hier sollte man jedoch die benötigten Benzinkosten sowie gegebenenfalls erforderliche Reparaturen mit einkalkulieren. Es sind auch schon einige Menschen auf die Idee gekommen, mit dem Fahrrad durch die Welt zu reisen – eine sehr günstige Alternative.

6. **Reisezeit** – Einen erheblichen Einfluss auf die Kosten hat die Reisezeit. Beim Kauf von Flugtickets sollte man immer darauf achten, dass man nicht gerade zur Hochsaison abfliegt. Viele Airlines haben unterschiedliche Abflugspreise je nach Saison und man sollte sich nicht zu fest auf ein gewünschtes Abflugsdatum fixieren, sondern flexibel sein, da es sein kann, dass eine Woche später eine günstige Nebensaison anfängt.

Ebenfalls kannst du schauen, dass du die teuersten Länder (siehe Seite 42) nicht in der Hochsaison besuchst, denn dies erhöht teilweise die Kosten vor Ort.

Generell solltest du eher ein höheres Budget ansetzen, da irgendwann der Zeitpunkt kommen wird, an dem du dir auch mal etwas gönnen möchtest oder dir sagst *„Hey, ich bin nur einmal hier, dies möchte ich auch noch sehen oder machen ...“*.

Auch solltest du unvorhergesehene Ruhetage, Krankheiten etc. mit einkalkulieren. Für jede Eventualität ist man sicherlich nicht gewappnet und muss man auch nicht sein, aber es ist immer gut anschließend noch ein Polster zu haben, so dass man jederzeit sicher heim fliegen und einen Neustart zu Hause finanzieren könnte. Auch zu Hause fallen dann wieder Kosten an: neue Wohung suchen und Kaution bezahlen, neuen Job suchen und den Zeitraum dazwischen überbrücken können.

Auf der folgenden Seite findest du nun Anhaltspunkte, wie hoch das Tagesbudget pro Land sein könnte. Diese Angaben sind grob geschätzt von Reisenden und beziehen sich auf einfache Unterkünfte (Hostels), lokale Transportmittel und Verpflegung. Es ist nur eine Auswahl der beliebtesten Weltreiseländer dargestellt. (Ansonsten findet man Informationen zu dem Preisniveau im jeweiligen Land in der Regel auf der Tourimusseite des Landes im Internet.)

| Destination | ca. benötigte Tagesbudget in Euro |
|---|---|
| **Nord- u. Mittelamerika** | |
| Costa Rica | 20 € |
| Kanada | 50–75 € |
| Kuba | 30 € |
| Mexiko | 20–35 € |
| USA | 50 € |
| **Südamerika** | |
| Argentinien | 15 € |
| Brasilien | 25 € |
| Bolivien | 15 € |
| Chile | 25 € |
| Ecuador | 10–15 € |
| Kolumbien | 10–15 € |
| Peru | 20 € |
| Venezuela | 25–30 € |
| **Afrika** | |
| Ägypten | 15 € |
| Kenia | 10 € |
| Marokko | 30–40 € |
| Namibia | 25 € |
| Südafrika | 10–20 € |
| **Naher Osten** | |
| Israel | 10–15 € |
| Vereinigte Arabische Emirate | 30–50 € |

| Destination | ca. benötigte Tagesbudget in Euro |
|---|---|
| **Ozeanien** | |
| Australien | 30–50 € |
| Cook Islands | 25–40 € |
| Fiji | 40–60 € |
| Franz. Polynesien | 80 € |
| Neuseeland | 30–50 € |
| **Asien** | |
| China | 25–50 € |
| Indien | 10–20 € |
| Indonesien | 10–15 € |
| Japan | 60–80 € |
| Kambodscha | 10–20 € |
| Laos | 10–20 € |
| Malaysia | 20–30 € |
| Myanmar | 10 € |
| Nepal | 5–10 € |
| Philippinen | 20 € |
| Russland | 30 € |
| Singapore | 30–50 € |
| Südkorea | 30 € |
| Taiwan | 15–20 € |
| Thailand | 15–30 € |
| Vietnam | 20–30 € |

Alle Angaben ohne Gewähr. (Stand 2012)

Die Budgetplanung für eine Weltreise könnte also so aussehen:

| Ausgangssituation A | |
|---|---|
| Zeitraum | 12 Monate |
| Personen | 1 Person |
| Flugticket | Round the World mit Qantas ab/bis Deutschland |
| Zusatz | Work & Travel in Australien |
| **Budgetplanung** | **geschätzte Kosten in Euro** |
| Flugticket | 2.000.– € |
| zusätzliche Transportkosten | 1.000.– € |
| Visa und Dokumente | 150.– € |
| Reiseversicherung | 600.– € |
| Reiseapotheke | 150.– € |
| Ausrüstung | 500.– € |
| 1 Monat USA | 2.000.– € |
| 1 Monat Südsee | 1.000.– € |
| 7 Monate Australien* | 1.500.– € |
| 3 Monate Südostasien | 2.000.– € |
| Reserve für Notfälle | 1.000.– € |
| **TOTAL** | **11.900 Euro** |

* Der Aufenthalt in Australien finanziert sich durch Arbeit vor Ort. Bei Autokauf mit Rückkaufoption fallen nur Benzinkosten und evtl. anfallende Reparaturen an.

| Ausgangssituation B | |
|---|---|
| Zeitraum | 5 Monate |
| Personen | 1 Person |
| Flugticket | Round the World mit Global Explorer ab/bis Deutschland |
| Zusatz | mit Mietwagen unterwegs |

| **Budgetplanung** | **geschätzte Kosten in Euro** |
|---|---|
| Flugticket | 2.500.– € |
| zusätzliche Transportkosten | 2.500.– € |
| Reiseversicherung | 600.– € |
| Impfungen und Reiseapotheke | 300.– € |
| Ausrüstung | 500.– € |
| 1 Monat Südafrika | 500.– € |
| 2 Monate Australien | 3.000.– € |
| 1 Monat Neuseeland | 1.500.– € |
| 2 Wochen Südsee | 700.– € |
| 2 Wochen Kalifornien (USA) | 1.000.– € |
| Reserve für Notfälle | 1.000.– € |
| **TOTAL** | **14.100 Euro** |

| Ausgangssituation C | |
|---|---|
| Zeitraum | 3 Monate |
| Personen | 2 Personen |
| Flugticket | Gabelflug Santiago de Chile / Quito mit Delta ab/bis Zürich |
| Zusatz | inkl. Tauchkreuzfahrt Galapagosinseln |
| **Budgetplanung** | **geschätzte Kosten in CHF** |
| Flugticket | 1.800.– CHF |
| zusätzliche Transportkosten | 700.– CHF |
| Fixkosten Wohnung für 3 Monate | 3.000.– CHF |
| weitere Fixkosten zu Hause | 500.– CHF |
| Krankenkasse & Zusatzversicherung | 800.– CHF |
| Impfungen und Reiseapotheke | 500.– CHF |
| Unterkunft und Verpflegung | 3.000.– CHF |
| Aktivitäten und Ausflüge | 500.– CHF |
| **TOTAL pro Person** | **10.800 CHF** |

Alle Angaben ohne Gewähr. (Stand 2012)

Diese Zahlenbeispiele von ehemaligen Weltreisenden sollen dir nur eine grobe Vorstellung geben, was auf dich zukommt und wie du deine eigene Kalkulation aufstellen könntest, denn jede Kalkulation ist sehr individuell und von dir und deinen Reiseplänen abhängig.

# Kauf des Flugtickets

Du kannst dich also nach
Belieben in der Welt umsehen:
Denn die beste Bildung findet ein
gescheiter Mensch auf Reisen!

*Johann Wolfgang von Goethe*

Bereits vor Jahrhunderten machten sich Menschen auf den Weg, die Welt zu bereisen oder zu umrunden. Wer kennt nicht die Geschichte „In 80 Tagen um die Welt" – schon viele haben sich ersucht, dies nachzuahmen. Ob man dies nun in 80 Tagen, 6 Monaten, einem Jahr oder länger machen möchte, alles hängt vom Budget und von der Zeit ab, die man zur Verfügung hat.

Nun gibt es verschiedene Varianten zu reisen: man kann in ein Flugzeug steigen, das Fahrrad mitnehmen, mit dem Auto losfahren oder auf dem nächsten Frachtschiff anheuern. Da die meisten Menschen die einfache und die schnellste Variante – die Flugroute – wählen, werden in diesem Buch vor allem die unzähligen Möglichkeiten des Fliegens aufgeführt.

## Welches Flugticket kommt für mich in Frage?

Es gibt tausende Flugtarife und wenn man sich ein wenig auskennt, kann man viel Geld sparen. Bei Flugtickets gibt es außer den Preisunterschieden auch wichtige Leistungsunterschiede, die sich nicht nur auf den Sitzplatz beziehen.

Einer der wichtigsten Unterschiede liegt in der Flexibilität: da man an einigen Orten vielleicht länger bleiben und andere eher verlassen möchte, ist es wichtig, dass das Ticket umbuchbar ist. Oft spart man auch viel Zeit und Geld, wenn man mehrere Reiseziele in einem Ticket zusammenfasst oder sich Ziele aussucht, die von einer gewünschten Fluggesellschaft angeflogen werden. Mit Hilfe von Stopovers[1] kann man so zum Beispiel Bangkok und Sydney in ein und das gleiche Ticket packen.

Hier werden nun diverse Möglichkeiten aufgeführt, wie du dein Weltreiseticket buchen kannst und auf was du besonders achten musst. Viele Menschen gehen mit gewissen Vorstellungen ins Reisebüro und müssen dann feststellen, dass ihre gewünschte Route zwar machbar ist, aber zu einem extrem hohen Preis. Es ist hilfreich, wenn man sich vorher klarmacht, was überhaupt möglich ist und erspart sich so auch viel Zeit im Reisebüro.

---

1 Ein Stopover ist ein Zwischenziel auf einer Reiseroute. Bucht man ein Flugticket mit Thai Airways nach Sydney, landet das Flugzeug in Bangkok zwischen. Wenn man in Bangkok drei Tage Urlaub macht, gilt dies als Stopover. Wenn man in Bangkok nur umsteigt und sofort weiterfliegt, gilt dies als Transfer. Stopovers sind nur begrenzt möglich, je nach Flugtarif.

## Das Round-The-World Ticket

Das Round-The-World-Ticket (RTW)[2] ist die beliebteste Variante eine Weltreise zu machen. Heutzutage gibt es diese Tickets schon für wenig Geld und jeder kann sich so seine gewünschte Reiseroute selbst zusammenstellen.

Das RTW-Ticket wird von verschiedenen Fluggesellschaften bzw. von den drei Airline-Allianzen angeboten. Um sich zwischen diesen zu entscheiden, sollte man vorher abklären, welche Airlines die gewünschten Reiseziele anfliegen und mit welcher Allianz die Route machbar wäre (siehe Tabelle Seite 53). Grundlage für den Preis ist bei allen die zurückgelegte Strecke in Meilen oder die Anzahl der Kontinente, auf denen man einen Stopp einlegt. Große Preisunterschiede bestehen zwischen den Allianzen nicht. Es können Preisunterschiede in der Abflugsaison, sowie höhere Steuern bei einigen Airlines auftreten. Die eigene Planung macht sehr viel Spass und mittlerweile stehen im Internet einige Tools zur Verfügung, die einem helfen, die Route selbständig zu planen.

Die wichtigste Regel, die es bei der Planung zu beachten gilt, ist, dass man entweder im Uhrzeigersinn oder gegen den Uhrzeigersinn fliegt. Backtracking ist nicht erlaubt, d.h. man darf nicht die Richtung ändern, sondern nur von Ost nach West oder umgekehrt fliegen. RTW-Tickets haben nachweislich viele Vorteile, jedoch gibt es auch einige Nachteile. Ob ein RTW-Ticket für dich in Frage kommt, hängt davon ab, wie wichtig dir bestimmte Faktoren sind.

---

2 Ein Round-The-World-Ticket ist ein Flugticket, welches mit mehreren Stopps die Umrundung der Welt ermöglicht.

Vorteile:

- Die Flugdaten können jederzeit gegen eine geringe Gebühr geändert werden, wenn man an einem Ort länger bleiben oder früher abreisen möchte.
- Man kommt immer wieder nach Hause, auch wenn unterwegs das Geld ausgeht.
- Die Flugroute kann in den meisten Fällen gegen eine Gebühr geändert werden.
- Das Ticket gilt als Rückflugticket – in den meisten Ländern ist dies bei der Einreise eine Voraussetzung.
- Entfernte Destinationen können ohne große Kosten mit in die Route eingebaut werden (z.B. Südsee).
- Es gibt immer einen Ansprechpartner bei Problemen unterwegs (Airline oder Reisebüro, wo du das Ticket gekauft hast).
- Einfache Routen mit wenigen Stopps sind sehr kostengünstig.
- Es gilt das Piece-Concept, d.h. man darf 2 × 23 kg Gepäck mitnehmen. Auf vielen Airlines darf man sonst nur noch 20 kg mitnehmen.
- Für Jugendliche und Studenten lohnt es sich fast immer, da es sehr günstige Tarife gibt.

Nachteile:

- Komplizierte bzw. ausführliche Routings können viel Geld kosten.
- Der Äquator misst einen Umfang von 25.000 Meilen, so erreicht man schnell die 26.000 Meilen Grenze (günstigster Tarif) ohne sich große Abstecher leisten zu können.

- Auf meilenbasierenden Tarifen wie z.B. bei der Star Alliance zahlt man die Landstrecken (sog. Surfaceetappe[3]) mit und kommt so schnell auf mindestens 26.000 Meilen – man zahlt also die Strecke, obwohl man sie nicht fliegt.
- Man ist auf das Streckennetz der gewählten Allianz beschränkt – so hat die Allianz One World z.B. kaum Mitglieder in Südostasien und viele Flüge in dieser Region sind mit diesem RTW-Ticket dann etwas schwieriger umzusetzen.
- Routenänderungen sind schwierig, wenn das Personal vor Ort sich nicht mit RTW-Tickets auskennt. Es kann vorkommen, dass einem gesagt wird, dass eine Änderung nicht möglich sei. Bei jeder Umbuchung muss das Ticket umgeschrieben werden und dies ist nicht immer einfach.
- Bei kurzfristigen Umbuchungen gibt es oft keinen Platz mehr in der Buchungsklasse, die der RTW-Tarif verlangt und man kann dann nicht umbuchen bzw. muss warten bis wieder Platz vorhanden ist.
- Das RTW gilt maximal ein Jahr. Wer also länger unterwegs sein möchte, benötigt noch ein weiteres Rückflugticket.
- Das Ticket darf maximal 16 Flugstrecken (Coupons) enthalten; eine Landstrecke gilt ebenfalls als Coupon.

Die folgende Tabelle zeigt die drei Airline-Allianzen und die wichtigsten Konditionen. Ein Stopover beschreibt einen Halt an einer Destination, die du dir anschauen möchtest und wo du länger als 24 Stunden verweilst. (Alle Angaben ohne Gewähr.)

---

3 Die Surface-Etappe bezeichnet die Landstrecke, die jemand individuell zurücklegt. Wenn du zum Beispiel ein Flugticket kaufst mit Hinflug nach New York und Rückflug ab Los Angeles, weil du von New York nach Los Angeles mit dem Auto reisen möchtest, ist diese Strecke die Surface-Etappe.

Ein Transfer bedeutet eine Umsteigeverbindung, wenn du von Deutschland z.B. via Amsterdam nach Südafrika fliegst und dich in Amsterdam nicht länger als 24 Stunden aufhälst.

| **Airline Allianz:** | **Star Alliance** | **One World** | **Sky Team** |
|---|---|---|---|
| Teilnehmende Airlines | Air Canada<br>Air China<br>Air New Zealand<br>Adria<br>Aegean Airlines<br>ANA<br>Asiana<br>Austrian<br>BMI<br>Blue1<br>Brussels Airline<br>Continental<br>Croatia<br>Egypt Air<br>LOT Polish<br>Lufthansa<br>Scandinavian<br>Singapore Airlines<br>South African<br>Spanair<br>Swiss<br>TAM<br>TAP Portugal<br>Thai Airways<br>Turkish Airlines<br>United Airlines<br>US Airways | American Airlines<br>British Airways<br>Finnair<br>Iberia<br>LAN<br>Japan Airlines<br>Malév<br>Qantas<br>Royal Jordanien<br>Mexicana<br>Cathay Pacific<br>Dragon Air<br>S7 Airline<br><br>*zusätzlich:*<br><br>Air Tahiti<br>South African<br>Vietnam Airlines<br>Aer Lingus<br>Jetstar<br>Kingfisher<br>Alaska Airlines<br>Horizon Air | Air France<br>Aero Mexico<br>KLM<br>Aeroflot<br>Alitalia<br>China Airlines<br>China Southern<br>China Eastern<br>Czech Airlines<br>Delta Airlines<br>Korean Air<br>Air Europa<br>Kenya Airways<br>Vietnam Airlines<br>TAROM<br>Saudi Arabian<br>Middle East Airline<br>Garuda Indonesia<br>Aerolineas Argentinas |

| Airline Allianz: | Star Alliance | One World | Sky Team |
|---|---|---|---|
| Gültigkeit | Minimum 10 Tage, Maximum 12 Monate | | |
| Umbuchbarkeit | kostenlos umbuchbar,<br>evtl. Handling Fee** vor Ort | | umbuchbar für<br>100 US$,<br>evtl. Handling Fee<br>vor Ort |
| Routenänderung | Routenänderungen sind möglich,<br>125 US$ Gebühr | | möglich,<br>100 US$ Gebühr |
| Erlaubte Stopovers | Minimum<br>3 Stopovers<br><br>Maximum<br>5 Stopovers bei<br>26.000 Meilen<br><br>Maximum<br>15 Stopovers bis<br>39.000 Meilen<br><br>(Maximum 3 pro<br>Land, in den USA<br>maximal 5 Stopps) | *Global Explorer:*<br>Minimum<br>3 Stopovers<br><br>Maximum<br>5–15 Stopps<br><br>*One World Explorer:*<br>Maximum<br>4 in Afrika/<br>Maximum 4 in<br>Asien/<br>Maximum 6 in<br>Nordamerika/<br>Maximum 4 in<br>Südamerika/<br>Maximum 4 in<br>Ozeanien<br><br>Zusätzlich 2 Stopps<br>pro Zone für<br>150 US$ pro<br>Stopp | Minimum<br>3 Stopovers<br><br>Maximum 5 bei<br>26.000 Meilentarif<br><br>Maximum<br>15 Stopovers bis<br>39.000 Meilen |

| Airline Allianz: | Star Alliance | One World | Sky Team |
|---|---|---|---|
| Transfers (Umsteige-verbindung) | unbegrenzt<br>2 Transfers im Ausgangsland<br>(bzw. Ausgangskontinent bei One World) | | |
| Tarifarten | 26.000 Meilen<br>29.000 Meilen<br>34.000 Meilen<br>39.000 Meilen | *Global Explorer*<br>*(meilenbasiert)*<br><br>26.000 Meilen<br>29.000 Meilen<br>34.000 Meilen<br>39.000 Meilen<br><br>*One World Explorer*<br>*(nach Kontinenten)*<br>3–6 Zonen | 26.000 Meilen<br>29.000 Meilen<br>34.000 Meilen<br>39.000 Meilen |
| Ticket-ausstellung | Spätestens 21 Tage vor Abflug<br><br>Bei Buchung ab 7 Tage vor Abflug innerhalb von 24 Stunden | Spätestens 8 Tage vor Abflug oder nach Aufforderung der Airline<br><br>Bei Buchung ab 8 Tage vor Abflug muss das Ticket innerhalb von 72 Stunden ausgestellt werden | |

| Airline Allianz: | Star Alliance | One World | Sky Team |
|---|---|---|---|
| Bemerkung | Gutes Netz in Nordamerika, Australien, Ozeanien, Asien und Europa | Gutes Netz in Nordamerika, Südamerika, Australien, Ozeanien und Asien<br><br>Backtracking innerhalb eines Kontinents erlaubt | Gutes Netz in Nordamerika, Europa, Asien |
| Beispielroutings | *26.000 Meilen*<br>Zürich/Toronto/Vancouver/Auckland/Sydney/Perth/Phuket/Bangkok/Zürich<br><br>*34.000 Meilen*<br>Frankfurt/Delhi/Mumbai/Phuket/Bangkok/Sydney/Honolulu/San Francisco/Las Vegas/Sao Paulo/Frankfurt | *26.000 Meilen*<br>Wien/London/Chicago/Los Angeles/Melbourne/Hong Kong/London/Wien<br><br>*39.000 Meilen*<br>Frankfurt/Bahrein/Mumbai/Bangkok/Hong Kong/Sydney/Nadi/Honolulu/Los Angeles/Santiago de Chile/Buenos Aires/Madrid/Frankfurt | *26.000 Meilen*<br>Frankfurt/Amsterdam/Mexico City/Houston/Los Angeles/Tokyo/Hong Kong/Bangkok/Amsterdam/Frankfurt<br><br>*34.000 Meilen*<br>Berlin/New York/Miami/Houston/Sao Paulo/Mexiko City/Los Angeles/Honolulu/Tokyo/Bangkok/Berlin |
| Routenplaner im Internet | *www.staralliance.com*<br>*http://80.flightlookup.com* | *www.oneworld.com*<br>*http://oneworldrtw.innosked.com* | *www.skyteam.com* |

* Codesharing bedeutet, dass sich zwei Fluggesellschaften einen Linienflug teilen – so können sie Flugziele anbieten, zu denen sie sonst nicht fliegen. Die ausführende Fluggesellschaft bietet dem Partner Flugplätze zum Verkauf an.

** Handling Fee ist eine kleine Gebühr für den Arbeitsaufwand, die von der Airline oder vom Reisebüro erhoben wird.

Es ist schwierig zu sagen, was genau die genannten Routen kosten. Es kommt darauf an, wann du abfliegst, wie hoch die Steuern und Gebühren am Tag der Ticketausstellung sind und wie die Platzverfügbarkeit auf den Flügen ist. Kostenbeispiele für Routings und einen ersten Anhaltspunkt findest du aber im Internet auf den Seiten der Airline-Allianzen, mancher Airlines oder bei STA Travel.

## Gabelflüge

Ein Gabelflug[4] ist nicht direkt eine Option für eine Weltumrundung, aber wenn du nur begrenzt Zeit hast und nur einen Kontinent bereisen möchtest, ist dies sicherlich die günstigste Wahl. Für eine Südamerikarundreise brauchst du nur einen Flug z.B. nach Santiago de Chile und einen Rückflug beispielsweise ab Quito. Den Rest kannst du dir mit günstigen Low Cost Flügen vor Ort zusammenstellen oder einfach auf dem Landweg von Süden nach Norden reisen. Das gleiche gilt für Asien und Australien. Du kannst zum Beispiel von Thai Airways oder Singapore Airlines ein Ticket kaufen mit Hinflug nach Singapore und Rückflug von Bangkok oder du kaufst ein Ticket nach Perth und fliegst von Sydney aus zurück. Wenn du mit einer asiatischen Airline nach Australien fliegst, hast du den Vorteil, dass du einen kostenlosen Stopover in Asien machen kannst innerhalb der Ticketgültigkeit. In Asien bist du dann gut mit den Low Cost Airlines oder mit einem Airpass beraten. Auf diese Weise kannst du mit einem Gabelflug sogar zwei Kontinente bereisen.

---

4 Ein Gabelflug ist ein Flug, bei dem der Flughafen des Hinfluges nicht identisch ist mit dem Flughafen des Rückfluges.

Der Vorteil ist, dass es Gabelflüge bereits für wenig Geld gibt und diese auch als Rückflugtickets akzeptiert werden. Ebenfalls hast du sogar die Möglichkeit, diese teilweise im Internet selbst zu buchen.

**One-Way-Tickets**

Wer länger als ein Jahr unterwegs sein bzw. sich nicht so festlegen möchte, was die Routenplanung angeht, der hat auch die Möglichkeit, sich sein „Round-the-World-Ticket" quasi selbst zusammenzubasteln, indem man einzelne One-Way-Flüge bucht.

Meist kosten One-Way-Tickets genauso viel wie ein Hin- und Rückflug-Ticket (Roundtrip) oder so gar mehr. Von daher ist es ratsam, ein normales Flugticket zu kaufen und den Rückflug dann einfach verfallen zu lassen. Man bekommt günstige Roundtrip-Tickets nach Nordamerika oder Asien bereits ab 500 Euro. Vor Ort sollte man dann mindestens 2–3 Wochen vor dem gewünschten Weiterflugsdatum nach einem Flugticket schauen, sonst kann es kostspielig werden. Beim Fliegen gilt, je länger man im Voraus bucht, desto günstiger ist der Preis.

Viele Länder verlangen das Vorweisen eines Rückflugtickets bei der Einreise, deshalb kann es auch notwendig sein, bereits einen Weiterflug gebucht zu haben. In vielen Ländern außerhalb Europas gelten übrigens ganz andere Flugtarife und man kann Flüge z.B. in Asien oder Südamerika sehr preisgünstig kaufen.

Wenn du also diese Möglichkeit des Reisens wählst, solltest du dich unbedingt vorher informieren, welche Airlines und Buchungsmöglichkeiten es unterwegs gibt und bereits recherchieren, was die Tickets kosten würden. Andernfalls läufst du Gefahr, weit mehr zu bezahlen als bei einem RTW-Ticket.

Eine gute Möglichkeit, günstig online Flüge zu buchen, sind sicherlich die Low Cost Airlines, die mittlerweile überall auf der Welt zu finden sind. Nicht nur Europa und Nordamerika werden immer mehr von den „Billigfliegern" erobert, sondern auch Asien und Afrika.

Bei Airlines aus Europa sind die Anforderungen an die Sicherheitsbestimmungen genauso hoch wie bei den Linienfluggesellschaften. Außerhalb Europas gibt es jedoch noch viele Bedenken hinsichtlich der Flugsicherheit. Die Europäische Union führt eine „Schwarze Liste" aller unsicheren Airlines, die auch nicht mehr in Europa starten oder landen dürfen. Wer Bedenken hat, kann vorab im Internet recherchieren, ob es eine Bilanz zu bisherigen Unfällen oder anderen Vorfällen zu der jeweiligen Airline gibt.

*www.aerosecure.de/schwarze-liste/blacklist-check.php*

Eine Reiseroute für eine Weltreise mit One-Way-Flügen und Low Cost Airlines wäre zum Beispiel:

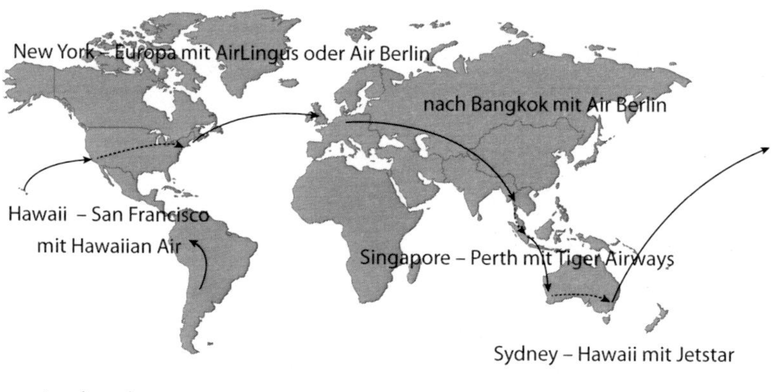


---- Landstrecke
––– Flugstrecke

Hier folgt nun eine Auflistung einiger Low Cost Airlines:

Low Cost Airlines in Asien:

*www.airasia.com* (Asien)
*www.tigerairways.com* (Asien)
*www.jetstar.com* (Asien)
*www.bangkokair.com* (Thailand, Südostasien)
*www.airindiaexpress.in* (Indien)
*www.goindigo.in* (Asien)
*www.cebupacificair.com* (Asien)
*www.lionair.co.id* (Asien, Saudi Arabien, Indien)
*www.nokair.com* (Thailand)
*www.flykingfisher.com* (Indien, Asien)
*www.airblue.com* (Pakistan)
*www.skymark.jp* (Japan)

Low Cost Airlines in Australien und Ozeanien:

*www.airasia.com* (nach Australien)
*www.virginaustralia.com* (Australien, Ozeanien, Südostasien)
*www.jetstar.com* (Australien, Südostasien, Fiji, Hawaii)
*www.tigerairways.com* (Asien, Australien)
*www.flypacificblue.com* (Australien, Ozeanien)

Low Cost Airlines in Afrika:

*www.kulula.com* (Südafrika, Zambia, Botswana, Mozambique)
*www.1time.aero* (Südafrika)
*www.flymango.com* (Südafrika)

*www.fly540.com* (Kenya, Tanzania, Zanzibar)
*www.jet4you.com* (Marokko)
*www.airarabia.com* (Arabien, Indien, Ägypten, Marokko)

Low Cost Airlines in Nordamerika:

*www.flyairnorth.com* (Yukon, Nordkanada)
*www.airtransat.com* (Kanada, USA)
*www.flyporter.com* (Ostküste USA und Kanada)
*www.westjet.com* (Kanada, USA, Karibik)
*www.airtran.com* (USA)
*www.frontierairlines.com* (USA)
*www.iflygo.com* (Hawaii)
*www.alaskaair.com* (USA, Kanada, Mexiko)
*www.jetblue.com* (USA, Karibik, Südamerika)
*www.southwest.com* (USA)
*www.spiritair.com* (USA, Karibik, Südamerika)
*www.suncountry.com* (USA, Karibik, Südamerika)
*www.virginamerica.com* (USA, Mexiko)
*www.usa3000.com* (USA, Mexiko, Karibik)

Low Cost Airlines in der Karibik:

*www.flyredjet.com* (Karibik)
*www.flysansa.com* (Costa Rica, Karibik)
*www.jetblue.com* (Karibik, Zentralamerika)
*www.liatairline.com* (Karibik)
*www.spiritair.com* (USA, Karibik)
*www.usa3000.com* (USA, Mittelamerika)

Low Cost Airlines in Zentral- und Südamerika:

*www.easyfly.com.co* (Kolumbien)
*www.oceanair.com.br* (Brasilien)
*www.interjet.com.mx* (Mexiko)
*www.volaris.com.mx* (Mexiko)
*www.starperu.com* (Peru)
*www.natureair.com* (Costa Rica)
*www.voeazul.com.br* (Brasilien)

Low Cost Airlines – Langstrecke ab Europa:

*www.condor.de*
*www.airberlin.de*
*www.airtransat.com*
*www.airlingus.com*
*www.virginatlantic.com*
*www.tuifly.com*

Low Cost Airlines in Europa:

*www.tuifly.com*
*www.airberlin.de*
*www.condor.com*
*www.germanwings.com*
*www.ryanair.com*
*www.easyjet.com*
*www.airbaltic.com*
*www.aerlingus.com*
*www.bmibaby.com*

*www.flybe.com*
*www.jet2.com*
*http://book.flythomascook.com*
*www.laudaair.com*
*www.flyniki.com*
*www.smartwings.com*
*www.wizzair.com*
*www.helvetic.com*
*www.flybaboo.com*
*www.transavia.com*
*www.spanair.com*
*www.meridiana.it*
*www.aegeanair.com*
*www.flypgs.com*
*www.icelandexpress.de*
*www.blue1.com*

Alle Angaben ohne Gewähr. (Stand 2012)

## Wo und wann kaufe ich mein Flugticket?

Wer denkt, er kann einfach im Internet buchen, weil es dort am günstigsten ist, ist schlecht beraten. Je nach Flugroute, Flexibilität, Abflugsaison, Aufenthaltsdauer, Fluggesellschaft, Abflugsland usw. gibt es unzählige Möglichkeiten, sich sein Ticket zusammenzubasteln.

Die Flüge, die man in der Regel im Internet bucht, sind sogenannte IATA-Tarife[5]. Bei der Buchung wird das Ticket direkt ausgestellt, und es sind meistens keine Änderungen mehr möglich. Dies mag zwar einen niedrigen Preis zum Vorteil haben, ist aber mit vielen Nachteilen behaftet, wie zum Beispiel: keine Rückerstattung des Ticketpreises oder keine Umbuchungsmöglichkeit. Zudem gibt es auf dem Markt viele Tarife, die günstiger und nicht im Internet zu finden sind.

Wer ein RTW-Ticket buchen möchte, sollte ein dafür spezialisiertes Reisebüro aufsuchen. Viele Reisebüros verlangen zwar mittlerweile eine zusätzliche Beratungsgebühr resultierend aus der Komplexität der Reservation und dem Zeitaufwand, diese wird jedoch bei definitiver Buchung angerechnet.

Reiseanbieter wie zum Beispiel STA Travel, Travel Overland und Globetrotter haben sich auf Weltreisen spezialisiert. Nicht jedes normale Reisebüro hat einen Flugprofi, der sich mit der Buchung von Weltreisen auskennt.

---

5 Die IATA – International Air Transport Association – ist der Dachverband aller Fluggesellschaften. Die IATA sorgt weltweit für die Koordinierung der Flugtarife und die Abrechnung der Flugtickets, die von den Reisebüros ausgestellt werden. Ein IATA-Tarif ist ein offiziell publizierter Flugpreis, der in allen globalen Reservierungssystemen geladen ist. Zusätzlich zu den offiziellen IATA-Tarifen kann jede Airline weitere Tarife pro Land veröffentlichen.

Dies hat für dich den Nachteil, dass du wahrscheinlich mehr Geld für weniger Leistung zahlen musst. Ein geübter Weltreisebucher kennt die Routen und Tricks, z.B. wie man viel Geld spart, wenn man einen bestimmten Ort auslässt oder von woanders abfliegt. Lass dich auch beraten, was die Abflugzeit angeht. Im Frühling abzureisen ist generell günstiger als im Hochsommer.

Die Flüge für die Weltreise sollte man auf jeden Fall ca. ein halbes Jahr im Voraus reservieren lassen. Grund dafür ist die benötigte Buchungsklasse: bei manchen Airlines ist es die gleiche Buchungsklasse wie bei einem günstigen Normaltarif und dann ist diese sehr schnell ausgebucht. Wer flexibel mit den Reisedaten ist, kann auch erst 3 Monate vor Abflug reservieren.

Solange das Ticket nicht ausgestellt ist, sind Änderungen in der Regel jederzeit kostenlos möglich. Dies ist abhängig vom Reisebüro, ob es eine Gebühr für den Aufwand nehmen möchte oder nicht. Das Ticket muss spätestens eine Woche vor Abflug ausgestellt werden, viele Airlines verlangen dies aber ungefähr einen Monat vorher. Bei Reservierung verlangt das Reisebüro eine Anzahlung, die Restzahlung musst du erst leisten, wenn das Ticket ausgestellt wird.

## Umbuchung und Änderung der Reiseroute

Nur in den wenigsten Fällen wird die Reiseroute so geflogen, wie ursprünglich geplant. Stattdessen stehen spontane Entscheidungen, Zeitplan- und Routenänderungen auf dem Programm. Du wirst dich mit einem flexiblen Ticket an grenzenloser Freiheit erfreuen können. Wie flexibel sollte das Ticket also sein, dass du kaufen möchtest? Die Beantwortung dieser Frage hängt größtenteils von dir und deinen Reiseplänen ab.

Bei den RTW-Tickets muss man eine feste Route buchen. Datenänderungen sind in der Regel kostenlos möglich. Du kannst die Hotline der betreffenden Airline anrufen in dem Land, in dem du dich gerade befindest und dies telefonisch tun. Lass dir zur Sicherheit eine neue Kopie deines E-Tickets an deine E-Mailadresse senden. Für Routenänderungen fällt eine Gebühr an, hinzu kommen allenfalls höhere Steuern sowie ein Aufpreis, falls du die bisherige Meilenmarke überschreitest. Bei den 26.000 Meilen-Tickets kommt dies oft vor. In diesem Fall muss man den Differenzbetrag zum 29.000 Meilentarif bezahlen plus einer Servicegebühr. Um eine Routenänderung vorzunehmen, solltest du auf jeden Fall in ein Büro der betreffenden Airline vor Ort gehen. Dort sind auch alle Gebühren zu bezahlen. Dein Ticket muss umgeschrieben werden, was manchmal länger dauern kann.

Für alle anderen Ticketarten gilt: die Höhe der Umbuchungs- und Stornierungsgebühren ist immer vom gebuchten Tickettarif abhängig. In einzelnen Fällen, bei besonders günstigen Flugtarifen kann die Stornierung bis zu 100 % des Ticketpreises betragen.

Generell gilt: je kürzer ein Ticket gültig ist[6], desto günstiger ist es. Die Jahrestarife sind am teuersten. Wenn du also nur drei Monate reisen möchtest, reicht auch ein Ticket mit einer maximalen Aufenthaltsdauer von drei bzw. sechs Monaten. Weiterhin gibt es noch die 1-Monats- und 45-Tages Tickets, je nach Airline.

Wer früh bucht, sollte auf jeden Fall eine Reiserücktrittsversicherung abschließen, damit im Notfall die gesamten Kosten

6 Die Ticketgültigkeit bezieht sich auf die Aufenthaltsdauer vor Ort.

des Flugtickets rückerstattet werden. Dies ist besonders wichtig bei Tickets mit einer Stornogebühr von 100 %. Wenn du dir Angebote für Gabelflüge, Roundtriptickets oder One-Way-Tickets im Internet einholst, achte immer auf die Umbuchungsbestimmungen.

## Airpässe, Buspässe, Zugpässe und Schiffsreisen

Der Reiz einer Weltreise liegt nicht darin, besonders günstig einmal um die Welt zu fliegen, sondern etwas von ihr zu sehen und sie auch auf dem Landweg zu erkunden.

Die häufigste Methode, sich auf dem Landweg fortzubewegen, sind die lokalen Verkehrsmittel, Bus und Bahn. Du kannst das Land auch per Mietwagen, im Camper, auf dem Fahrrad oder mit dem Motorrad erkunden. In vielen Ländern gibt es für Individualreisende sogenannte Buspässe. Mit einem Buspass kann man unabhängig kreuz und quer innerhalb einer bestimmten Zeit (maximal 12 Monate) durchs Land reisen. Der Vorteil ist, dass die Buspässe von gleichgesinnten Reisenden genutzt werden und man schnell Anschluss findet. Ferner halten die Busse in der Nähe von Hostels oder in der Stadtmitte, so dass man immer gut zu Fuß weiterkommt. Für die Zugpässe gilt ebenfalls, dass man in einer bestimmten Zeit (bis 6 Monate) das Land bereisen kann, so wie man möchte. Jedoch befinden sich die Bahnhöfe nicht in allen Ländern in der Stadtmitte. Eventuell ist es nötig, zusätzlich noch mit dem Bus zu fahren, um irgendwo anzukommen.

Auf der nächsten Seite folgt ein kleiner Überblick über bekannte Bus- und Zugpässe:

| BUSPÄSSE | |
|---|---|
| Baz Bus Südafrika | *www.bazbus.com* |
| Greyhound Australien | *www.greyhound.com.au* |
| Greyhound Kanada | *www.greyhound.ca* |
| Greyhound USA | *www.greyhound.com* |
| Kiwi Experience Neuseeland | *www.kiwiexperience.com* |
| Magic Bus Neuseeland | *www.magicbus.co.nz* |
| OZ Experience Australien | *www.ozexperience.com* |
| South Pass Argentinien | *www.argentinabybus.com* |

| ZUGPÄSSE | |
|---|---|
| Amtrak USA | *www.amtrak.com* |
| Countrylink Australien | *www.countrylink.info/travel_passes* |
| Eurail Pass Europa | *www.eurail.com* |
| Great Southern Railway Australien | *www.gsr.com.au* |
| Interrail Pass Europa | *http://deutsch.interrailnet.com* |
| Japan Railpass | *www.japanrailpass.net* |
| Korea Railpass | *www.korail.com* |
| Queensland Rail (Australien) | *www.traveltrain.com.au* |
| Railpass Indien | *www.indianrail.gov.in* |
| Railpass Kanada | *www.canadarailtours.com* |
| Thailand Railpass | *www.railway.co.th* |
| VIA Rail Kanada | *www.viarail.ca* |

Wem die Strecken mit dem Bus oder Zug zu weit sind und wer kein Vertrauen in die örtlichen Low Cost Airlines hat, dem bietet sich alternativ die Möglichkeit einen Airpass von einer Linienfluggesellschaft zu kaufen. Solch ein Airpass macht es möglich, zu einem geringen Sonderpreis mehrere Destinationen im gleichen Land oder Gebiet anzufliegen. Die Airpässe basieren auf einem Coupon-System. Vor Reiseantritt muss man mindestens drei Flugstrecken-Coupons für die gewünschte Zielregion kaufen. Die Flugstrecken müssen bereits vor Abflug festgelegt werden, nur Datumsänderungen sind nachher meist kostenlos möglich. Alle Airline-Allianzen sowie viele Airlines bieten in Verbindung mit einem Langstreckenflug der gleichen Airline oder Airline-Allianz (gilt auch für RTW-Tickets) solche Airpässe an. Ihre Gültigkeit beträgt ca. 3–6 Monate bzw. orientiert sich an der Gültigkeit des Langstreckentickets.

Hier einige Beispiele für jeden Kontinent. Nähere Informationen dazu gibt es auf der jeweiligen Internetseite oder im Reisebüro. Dort bzw. bei der Fluggesellschaft wird auch der Airpass ausgestellt.

| Airline oder Allianz | Internetseite |
|---|---|
| **Afrika:** | |
| African Airpass von Star Alliance | *www.staralliance.com* |
| Indian Ocean Airpass von Air Mauritius | *www.air-mauritius.de* |
| Visit Africa Airpass von One World | *www.oneworld.com* |
| **Asien:** | |
| Asean Airpass von Thai Airways | *www.thaiairways.com* |
| China Airpass von Star Alliance | *www.staralllliance.com* |
| China Pass von China Southern Airlines | *www.skyteam.com* |
| Circle Asia Airpass von Star Alliance | *www.staralliance.com* |
| Discover Airpass von Bangkok Airways | *www.bangkokair.com* |

| Airline oder Allianz | Internetseite |
|---|---|
| **Asien:** | |
| Discover Thailand Pass von Thai Airways | *www.thaiairways.com* |
| Discover Malaysia Airpass von Malaysian Airl. | *www.malaysiaairlines.com* |
| India Airpass von Kingfisher Airlines | *www.flykingfisher.com* |
| Thailand Airpass von Star Alliance | *www.staralliance.com* |
| Visit Asia Airpass von One World | *www.oneworld.com* |
| Visit Japan von One World | *www.oneworld.com* |
| **Australien und Ozeanien:** | |
| Boomerang Airpass von Qantas Airways | *www.qantas.com.au* |
| Circle Pacific Airpass von Star Alliance | *www.staralliance.com* |
| South Pacific Airpass von Air New Zealand | *www.airnewzealand.co.nz* |
| Visit Australia & New Zealand Airpass, One World | *www.oneworld.com* |
| **Nordamerika:** | |
| All America Airpass von Star Alliance | *www.staralliance.com* |
| America Coupon Pass von Skyteam | *www.skyteam.com* |
| Visit North America von One World | *www.oneworld.com* |
| Visit USA Flatrate Fares von American Airlines | *www.americanairlines.de* |
| **Südamerika:** | |
| All America Airpass von Star Alliance | *www.staralliance.com* |
| Brazil Airpass von TAM | *www.tam.com.br* |
| Mexipass von Mexicana oder Aero Mexico | *www.mexicana.com* |
| South American Airpass von LAN | *www.lan.com* |
| TAM Südamerika Pass von TAM | *www.tam.com.br* |
| Visit South America Pass von One World | *www.oneworld.com* |

Immer beliebter werden auch Weltreisen mit dem Schiff. Ob es nun mit einer Kreuzfahrtgesellschaft ist, die in einigen Monaten für knapp 10.000 Euro um die Welt segelt oder ob man nur bestimmte Schiffspassagen mit einem Segel- oder Frachtschiff unternimmt, auch hier stehen einem wieder viele Möglichkeiten offen. Oft benötigen private Yachten noch ein Paar hilfreiche Hände oder einfach nur Gesellschaft an Bord. Schau dich nach Anzeigen um oder frag direkt im Hafen bei den Reedereien nach. Frachtschiffe annoncieren des öfteren Angebote für einzelne Passagen.

Einige Webseiten, die eine hilfreiche Anlaufstelle wären:

*www.handgegenkoje.de*
*www.mitsegler-gesucht.de*
*www.pro-sailing.de*
*www.seereisenportal.de*
*www.crewfile.com*
*www.crewseekers.net*
*www.frachtschiff.travel*
*www.freightercruises.com*
*www.freighterworld.com*
*www.freightertravel.com.au*

# Organisation vor der Abreise

Wir werden nicht aufhören zu forschen,
und das Ende unserer Erkundungen wird sein,
dass wir dort ankommen,
wo wir unsere Reise begonnen haben,
und den Ausgangspunkt zum ersten Mal erkennen.

*Thomas Stearns Elliot*

## Reisepartner

Einige zögern, sich den Traum einer Weltreise zu erfüllen, weil sie nicht alleine reisen möchten. Doch alleine loszuziehen bringt dir viele Vorteile: Wer alleine auf Weltreise geht, steht vor uneingeschränkter Freiheit. Du kannst tun und machen, was du möchtest und musst nie deine Entscheidungen rechtfertigen. Ob du schüchtern bist oder nicht, du wirst auf jeden Fall unzählige Bekanntschaften auf Reisen machen und feststellen, dass es viele andere gibt, die ebenfalls alleine unterwegs sind. Du gehst wahrscheinlich offener auf Einheimische zu, versuchst dich in der lokalen Landessprache zu verständigen und lernst vor allem selbständig zu handeln. Du fährst zwar alleine los, wirst jedoch nie lange alleine sein. In Hostels trifft man meistens auf Gleichgesinnte, welche die gleiche Route haben und es sich so ergibt, dass man gemeinsam ein Stück des Weges reist.

Ein Nachteil beim alleine Reisen ist, dass du niemanden hast, auf den du dich wirklich verlassen kannst. Wenn du alleine unterwegs bist, gibt es wahrscheinlich Situationen, in denen du dir jemanden wünschst. Sei es um die Freude an wunderbaren Momenten zu teilen oder sei es jemand, der sich um dich kümmert, wenn es dir mal schlecht geht und du krank bist. Ein weiterer Nachteil ist, dass dich alles etwas mehr kostet, als wenn du zu zweit reisen würdest und dir vieles teilen kannst.

Wenn du nicht alleine reisen möchtest, denke vorher gut darüber nach, mit wem du auf Reisen gehen willst. Es gibt verschiedene Möglichkeiten: vom Lebenspartner über den besten Freund bis hin zu einem fremden Reisepartner. Bedenke, du wirst mit dieser Person für eine lange Zeit eng zusammen sein. Dies ist eine ganz besondere Erfahrung, denn man lernt sich sehr gut kennen und ist höchstwahrscheinlich über kurz oder lang auch einmal voneinander genervt und streitet sich. Alles in allem ist es eine große Belastungsprobe für die Beziehung, denn ihr seid nun für längere Zeit aufeinander angewiesen. Sprecht vorher über eure Erwartungen an diese Reise. Es ist wichtig, die gleichen oder ähnliche Interessen zu haben und bereit zu sein, Kompromisse einzugehen, sonst sind Streitereien bereits vorprogrammiert. Versuche, dem Partner genügend Freiraum zu geben und auch mal Dinge getrennt zu unternehmen. Seid trotzdem offen für neue Bekanntschaften unterwegs und bleibt nicht nur unter euch. Der Kontakt zu Einheimischen und der Versuch, die Sprache zu sprechen, bleiben mit die wertvollsten Erfahrungen, die man unterwegs macht. Zu zweit unterhält man sich weiterhin in Deutsch, so dass der Sprachlerneffekt nicht ganz so ausgeprägt ist, wie beim alleine Reisen.

Wenn du niemand in deinem Freundes- und Bekanntenkreis hast, der mit dir auf Reisen gehen kann und wenn du die Reise auch nicht alleine starten möchtest, mach dich doch einfach vorab auf die Suche nach einem Reisepartner. Dies ist heutzutage nicht schwer und du wirst feststellen, dass es neben dir noch hunderte anderer Menschen mit dem gleichen Vorhaben gibt. Selbst unterwegs wirst du manchmal verdutzt feststellen, dass die halbe Welt scheinbar am Reisen ist.

Nachfolgend sind einige Internetseiten aufgeführt, auf denen du gezielt nach einem Reisepartner mit gleichen Interessen und Reisezielen suchen kannst, oder du schaltest selbst eine Anzeige. Gib dem ganzen Vorhaben jedoch genug Vorlaufzeit. Ihr solltet euch auf jeden Fall vorher treffen, um euch erstens kennen zu lernen und zu sehen, ob ihr einander sympathisch seid und zweitens, um herauszufinden, welche Wünsche, Pläne und Vorstellungen der Reisepartner hat und ob diese vereinbar wären.

*www.joinmytrip.de*
*www.globetrotter.org*
*www.globetrotter.ch*
*www.travelmates.de*
*www.reisepartner-gesucht.de*
*www.travelark.de*
*www.globalzoo.de*
*www.reisekontakte.at*
*www.travel-partner.de*

## Ausrüstung und Packliste

Wenn du im Internet recherchierst, findest du unzählige Packlisten und Tipps, was du auf eine Weltreise alles mitnehmen kannst. Angefangen bei Reisewäscheleine und Allzweckseife bis hin zu einem Hightech-Schlafsack. Manche Dinge mögen nützlich sein, manche sind einfach nur überflüssig. Am Anfang wirst du wahrscheinlich verzweifeln und nicht wissen, wie du quasi deinen ganzen „Weltreisehaushalt" in einem einzigen Rucksack verpacken sollst. Die Outdoor- und Weltreisespezialisten haben sich mittlerweile einiges einfallen lassen, und der Markt ist überschwemmt mit vielen interessanten Reiseprodukten. Um es kurz zu machen und auf den Punkt zu bringen: Nimm so wenig wie möglich mit!

Das ist leichter gesagt als getan, aber nach einigen Monaten unterwegs wirst du selbst die Erfahrung machen, dass du immer nur die gleichen Lieblingssachen anziehst und viele Dinge nur einmal oder gar nicht benötigst. Bevor du also in den nächsten Outdoorladen stürmst, überlege dir gut, was du bereits hast und was du eventuell noch benötigst und dann kaufe auch nur das und verfalle nicht in einen Kaufrausch, auch wenn dies aus eigener Erfahrung sehr verlockend sein mag.

Eines der wichtigsten Produkte für deine Ausrüstung ist der *Rucksack*, aus dem du praktisch die ganze Reise lang lebst. Bei der Wahl eines Rucksackes sind vor allem Größe, Qualität, Gewicht und Bequemlichkeit entscheidend. Kaufe ihn nicht günstig im Internet, wenn du das Modell vorher nicht probiert hast. Es gibt so viele Sorten auf dem Markt und jedes Modell ist anders. Der Tragekomfort ist wichtig, denn du musst ihn über lange Strecken, teils bei Extremtemperaturen tragen können.

Der Rucksack sollte erfahrungsgemäß nicht mehr als 50 Liter Volumen haben. Du wirst jeden Rucksack immer irgendwie bis oben füllen. Bei einem kleinen Rucksack, kannst du die Dinge, die eh überflüssig sind, gar nicht erst mitnehmen. Qualität ist sehr wichtig, denn er muss während der Reise extremsten Belastungen standhalten. Achte auf reißfestes, robustes und wasserresistentes Material, viel Stauraum, evtl. ein Belüftungssystem und gleichzeitig viel Bewegungsfreiheit. Lass dich am besten in einem Fachgeschäft beraten. Bekannte Ausrüstungsgeschäfte sind:

*www.globetrotter.de*
*www.sportscheck.com*
*www.trottomundo.ch*
*www.transa.ch*
*www.northland-pro.com*

Zusätzlich zum Rucksack ist ebenfalls ein *Tagesrucksack* notwendig, der als Handgepäck mit ins Flugzeug genommen werden kann. Hier kommt es auch auf eine gute Materialqualität und Wasserresistenz an, denn du wirst ihn für alle Outdooraktivitäten, Wanderungen etc. benötigen. Zum Schutz des großen Rucksacks wäre allenfalls noch eine Regenhülle empfehlenswert. Zum Thema Sicherheit gibt es für Rucksäcke sogenannte Pacsafes (*www.pacsafe.com*). Dies sind Sicherheitsnetze aus Stahl, die vor Diebstahl schützen sollen. Alternativ reicht natürlich auch ein kleines Sicherheitsschloss.

Als zweites stellt sich die Frage, ob du einen *Schlafsack* mitnehmen möchtest. Dies kommt auf deine Reiseroute und auf die Art des Reisens an. Wenn du vorwiegend in Hostels schlafen wirst, benötigst du keinen. Dann ist für dich eher ein Schlafsack-Inlet aus Seide oder Baumwolle interessant. Du kannst es als Bettwäsche benutzen; es schützt vor Ungeziefer; hält warm; ist sehr leicht und nimmt kaum Platz weg. Wenn du öfter Wanderungen in abgelegenen Gebieten machst, in freier Natur, in einfachen Berghütten oder im Auto schläfst, ist es empfehlenswert einen Schlafsack mitzunehmen. Achte beim Kauf darauf, dass er möglichst leicht, sehr klein und kältebeständig ist.

Bei der Auswahl deiner *Kleidung* spare nicht am falschen Ende. Du brauchst möglichst wenige Kleidungsstücke, die dafür aber dank hoher Qualität lange haltbar sind. Die Kleidungsstücke werden während der Reise stark beansprucht durch Sonne, Wasser, Wind und Schmutz. Du wirst sie oft tragen und genauso oft waschen. Aus diesem Grund solltest du nur wenige Teile kaufen, die dafür aber gut miteinander kombinierbar sind. Sie sollten leicht waschbar sein, schnell trocknen, aus leichtem, robustem Material sein und mitunter auch bügelfrei.

Reisende schwören auf das sogenannte Zwiebelschalenprinzip, d.h. lieber mehrere dünne Kleidungsstücke, die du übereinander tragen kannst als ein dickes, welches viel Platz wegnimmt und nicht so oft gebraucht wird. Generell können folgende Kleidungsstücke mit auf die Reise gehen: eine winddichte Regenjacke, ein wärmendes Fleece-Shirt, eine schnelltrocknende Trekkinghose, Jeans, T-Shirts, Trekkinghemd und Funktionsunterwäsche. In kalten Berggebieten gibt es vor Ort für wenig Geld wärmere Kleidung bzw. einen warmen Pullover. Versuche nicht für alle Klimazonen das Passende mitzunehmen, sondern kaufe vor Ort das Nötige und verschenke es anschließend. Je nach Route sind zwei bis drei Paar Schuhe sinnvoll. Du benötigst auf jeden Fall ein Paar gute Wanderschuhe (wasserfest, robust), ein Paar leichte, sportliche Turnschuhe für die Stadt und Flip Flops für die wärmeren Gefilde. Flip Flops kannst du natürlich auch erst vor Ort kaufen.

Nun gibt es noch jede Menge *praktisches Zubehör*, das man mitnehmen kann. Was für dich sinnvolles Zubehör ist und was eher überflüssig ist, kannst nur du allein entscheiden. Nicht fehlen sollten die Reiseapotheke, Taschenlampe, ein Zahlenschloss, ein kleiner wasserdichter Wertsack (für Geld, Fotokamera) und ein Taschenmesser. Statt mehrerer spezialisierter Ausrüstungsgegenstände kaufe lieber ein multifunktionales Produkt.

In der Packliste findest du noch weitere Dinge, die in diese Rubrik fallen. Bezüglich Sonnencreme, Mückenschutz und Duschmittel ist es ratsam, diese vor Ort zu kaufen. Mückenmittel vor Ort sind oft viel wirksamer als die Europäischen. Das gleiche gilt beispielsweise in Australien für die Sonnenschutzmittel.

Deine gesamte Ausrüstung so perfekt zu packen, dass sie in den Rucksack passt, praktisch aufgeteilt ist und nicht zu schwer zum Tragen wird, ist eine Kunst für sich und erfordert etwas Übung. Du wirst unterwegs schnell feststellen, welche Dinge du oft brauchst und deshalb besser in greifbare Nähe packst und welche Dinge du lieber in die Außentaschen oder weiter unten verstaust. Es hilft auch, den Rucksackinhalt mit Hilfe von kleineren Modulen zu strukturieren. Solche Module können kleine Plastiktüten oder Netzbeutel sein. Versuche möglichst leicht zu packen (leichte Kleidung, leichte Schuhe, wenig Bücher und elektronisches Zubehör). Du solltest in der Lage sein, den Rucksack mit einer Hand anheben zu können, ansonsten gilt: weniger mitnehmen! Denke auch an die 23 kg Grenze der Airlines – pro Gepäckstück!

| PACKLISTE | |
|---|---|
| **Kleidung:** | **Schuhe:** |
| Kopfbedeckung | leichte Wanderschuhe |
| Fleece-Pullover | leichte Turnschue |
| Winddichte Regenjacke | evtl. Flipflops |
| T-Shirts | |
| Pullover | **Waschutensilien:** |
| Trekkinghemd/-hose | kleines Microfaserhandtuch |
| Jeans | Zahnbürste/Zahnpasta |
| leichte Sommerhose | Nagelschere/Pfeile |
| kurze Hose/Kleid | Waschtasche zum Aufhängen |
| Bikini/Badehose | Kamm/Rasierer |
| Unterwäsche | evtl. Rezept für Kontaktlinsen |
| Socken | evtl. Brille/Kontaktlinsen |
| | Ohrenstöpsel |
| **Nützliches:** | Kondome/Pille |
| Inlet oder Schlafsack | |
| Taschenmesser | **Elektronik:** |
| Nähset | Handy |
| Feuerzeug | evtl. kleiner Laptop |
| Wasserflasche, evtl. Tabletten zur Entkeimung | Stromadapter |
| kleine Gewürzpackung | Fotokamera/Speicherkarten |
| kleines Notizbuch | USB Stick |
| Schmutzwäschebeutel | MP3-Player |
| Zahlenschloss | Ebook-Reader für Reiselektüre |
| wasserdichter Aufbewahrungsbeutel | |

In allen Städten auf der ganzen Welt wirst du Apotheken finden oder ein Krankenhaus, welches dich im Notfall versorgen kann. Es kann jedoch schwierig sein, dem Personal in der Apotheke in der Landessprache verständlich zu machen, was dir genau fehlt und was du brauchst – und nicht überall kannst du sofort auf erste Hilfe zählen.

Eine gut ausgestattete Reiseapotheke für deine Weltreise ist also unabdingbar. Du bekommst bereits fertige Reiseapotheken zu kaufen, es ist jedoch ratsam diese nachzurüsten oder sich eine auf die eigenen Bedürfnisse angepasste Reiseapotheke selbst zusammenzustellen. Um Platz zu sparen, behalte nur das Medikament und den dazugehörigen Beipackzettel beieinander. Die Reiseapotheke sollte nie direkter Sonnenstrahlung ausgesetzt sein und möglichst dunkel und kühl gelagert werden – nicht unbedingt ganz unten im Rucksack, da sie für den Notfall immer griffbereit sein sollte.

- Basisausrüstung: Elastische Mullbinde und Pflaster, Desinfektionsmittel und Kühlpackung, kleines Fieberthermometer, Schere und Pinzette, Sicherheitsnadeln und Wegwerfhandschuhe
- Medikamente, die du regelmäßig einnehmen mußt
- Medikamente für Atemwegsinfektionen, Fieber, Kopf- und Gliederschmerzen, Durchfall, Übelkeit, Erbrechen, Verstopfung, Augenentzündung, Ohren- & Zahnschmerzen, Allergie und Heuschnupfen, Sportverletzungen
- Mittel gegen die Reisekrankheit
- Allergiepass (sofern notwendig und vorhanden)
- Dokumentation von vorhandenen Krankheiten für den Notfall

## Gesundheitliche Aspekte und Vorbereitungen

Zu jeder langfristigen Reise gehört eine Auseinandersetzung mit dem Thema Gesundheit, denn nichts ist unangenehmer als unterwegs krank zu werden. Vor der Abreise ist es ratsam, die wichtigsten Vorsorgeuntersuchungen machen zu lassen (Zahnarzt, Frauenarzt, Augenarzt, etc.) und sich mit den nötigen Medikamenten einzudecken, die für die Dauer der Reise benötigt werden. Eine lange Reise ist auch immer ein guter Zeitpunkt, sämtliche Schutzimpfungen zu überprüfen und aufzufrischen. Je nach Reiseland sind zusätzliche Impfungen erforderlich. Einige davon werden von der Krankenkasse übernommen; viele muss man jedoch selbst bezahlen. (Behalte die Quittung und schicke sie an deine Krankenkasse mit der Bitte um Rückerstattung). Eine frühzeitige Beratung beim Hausarzt oder Tropeninstitut ist auf jeden Fall notwendig. Einige Impfungen erfordern mehrmaliges Impfen, welches sich über einen Zeitraum von bis zu sechs Monaten erstrecken kann. Alle Impfungen werden vom Arzt in einen internationalen Impfausweis eingetragen. Dieser gehört ins Reisegepäck.

Welche Impfungen sind in der Regel für eine Weltreise erforderlich?

1. Tetanus & Diphterie – diese Impfung hat man in der Regel als Kind bekommen. Man sollte darauf achten, dass der Impfschutz alle zehn Jahre erneuert wird.

2. Kinderlähmung – die Polyoimpfung empfiehlt sich im Erwachsenenalter nur bei Reisen in betroffene Gebiete und ist alle zehn Jahre aufzufrischen.

3. Gelbfieber – diese Impfung ist in vielen Ländern vorgeschrieben, wenn man aus einem Infektionsgebiet einreist, wie z.B. Afrika und Südamerika. Hier muss mit restriktiven Kontrollen an der Grenze gerechnet werden (im schlimmsten Fall keine Einreise oder Impfung vor Ort). Der Impfschutz hält zehn Jahre.

4. Hepatitis A & B – dringend zu empfehlen bei Reisen in touristisch weniger erschlossene Gebiete. Eine Kombinationsimpfung (Twinrix) bestehend aus drei Spritzen schützt vor Hepatitis A und B. Die zweite Spritze bekommt man nach einigen Wochen und die dritte erst nach sechs Monaten. Diese Impfung schützt für zehn Jahre. Hepatitis A wird in der Regel oral übertragen, während Hepatatis B chronisch über Blut und Körperflüssigkeiten (Unfall, Geschlechtsverkehr, verunreinigte Spritzen) übertragen wird.

5. Typhus – empfehlenswert bei Reisen in warme Länder mit schlechten hygienischen Bedingungen. Die Impfung gibt es als Schluckimpfung oder als Spritze und hält je nach Variante bis zu drei Jahre. Es ist damit jedoch nur ein 40–65 % Schutz gegeben. Die Impfung hält maximal bis zu 12 Monate. Die Impfung sollte bereits einige Zeit vor der Abreise erfolgen, da der Impfschutz erst nach einer Weile vom Körper aufgebaut wird.

6. Tollwut – in den Tropen sind viele Tiere (vor allem streunende Hunde, Katzen, Füchse und Fledermäuse) tollwütig. Gefährliche Länder sind Thailand, Bolivien und Nepal (Vorkommen allgemein: Afrika, Asien, Mittel- und Südamerika)

Kontakt zu Tieren ist unbedingt zu vermeiden, da eine Infektion durch einen Biss tödlich verläuft und dem Tier nicht angesehen werden kann, ob es infiziert ist. Bei einem Biss die Wunde sofort mit alkalischer Seife 10 min auswaschen und unverzüglich einen Arzt aufzusuchen! Die Impfung besteht aus drei Spritzen innerhalb von drei Wochen. Der Impfschutz sollte regelmässig erneuert werden, in der Regel ist eine Auffrischung alle zwei Jahre empfehlenswert.

7. Japanische Enzephalitis – diese seltene Viruserkrankung wird in Asien und Indien durch Mücken übertragen. Man kann sich mit drei Spritzen innerhalb von drei Wochen impfen lassen. Eine erste Auffrischung sollte nach einem Jahr erfolgen. Bei längeren Aufenthalten auf dem Land (> 4 Wochen) empfohlen. Zusätzlich 24 h lang Mückenschutz!

8. Zecken – Zecken kommen weltweit vor (bis 1500 m Höhe). In Europa und Asien sind einige Zecken Träger des FSME-Virus (Hirnhautentzündung, hier gibt es noch keine Behandlung). Die Zeckenimpfung schützt nur vor FSME, aber nicht vor Borreliose (hier gibt es Antibiotika). Geimpft wird dreimal. Die zweite Impfung sollte in einem Abstand von zwei Wochen bis drei Monaten nach der ersten erfolgen. Die dritte Impfung ist nach 6–12 Monaten fällig. Nach 5–10 Jahren muss der Impfschutz aufgefrischt werden.

9. Malaria – gegen Malaria gibt es keine Schutzimpfung. Man kann mit Malariamitteln vorbeugen. Einnahme nur für 2–4 Wochen in Risikogebieten empfehlenswert. Wer länger in Risikogebieten unterwegs ist, hat nur die Möglichkeit im

Falle einer Erkrankung mit Medikamenten (z.B. Malarone oder Lariam) im Nachhinein zu behandeln und schnellstmöglich in ein Krankenhaus zu gehen, da die Krankheit rasch tödlich verlaufen kann. Malaria kann man hauptsächlich durch guten Mückenschutz vorbeugen.

10. Dengue-Fieber – diese Infektion wird durch Stechmücken übertragen. Einen Impfschutz gibt es nicht, man sollte also in den betroffenen Gebieten (besonders Südostasien, Lateinamerika) auf extremen Mückenschutz (24 h) achten.

Welche Impfungen für dich letztendlich in Frage kommen, hängt von deiner Reiseroute und deiner Art des Reisens ab. Dies ist nur eine grobe Aufzählung. Lass dich frühzeitig von einem kompetenten Impfarzt beraten, wie du dich im Notfall verhälst, wie die Krankheiten übertragen werden und wie du jeweils vorbeugen kannst. Man kann nicht alle Impfstoffe miteinander impfen und so braucht es einige Monate Vorlaufzeit, um einen sicheren Impfschutz bis zur Abreise zu gewährleisten.

Auf einer Weltreise ist man oft Extremsituationen ausgesetzt, geht körperlich an seine Grenzen und denkt vorher nicht an die Risiken. Bei Bergbesteigungen kann z.B. ab einer Höhe von ca. 3.000 m die *Höhenkrankheit* auftreten. Aufgrund des zu geringen Sauerstoffgehaltes der Luft und des zu geringen Luftdrucks kommt es zu Kopfschmerzen, Übelkeit und Kreislaufstörungen. Wichtig ist es, die ersten Anzeichen (Flüssigkeitsansammlung in Lunge und Hirn) zu erkennen und sofortige Maßnahmen zu ergreifen. Begünstigt wird die Höhenkrankheit oft durch zu schnelle Anstiege, Überanstrengung und Flüssigkeitsmangel.

Therapie: *Bei ersten Anzeichen sollte eine Pause gemacht werden bzw. der Aufstieg abgebrochen werden und auf mindestens 2.500 m Höhe abgestiegen werden. Wenn Symptome wie Bewusstlosigkeit, geistige Verwirrung und starker Husten auftreten, besteht bereits Lebensgefahr und die kranke Person muss sofort aus der Höhe abtransportiert bzw. mit Sauerstoff beatmet werden.*

Ein weiteres Problem ist die starke *Sonneneinstrahlung* in tropischen Gebieten, die man als Europäer falsch einschätzt. Wer zulange ungeschützt (Kopfbedeckung, Sonnenschutz) in der Sonne weilt, begibt sich in Gefahr, einen Sonnenstich oder Hitzschlag zu bekommen, abgesehen von der Hautkrebsgefahr. Sonnenstich und Hitzschlag beginnen in der Regel mit Kopfschmerzen, Übelkeit und Schwindelgefühl – teilweise auch Erbrechen und Kreislaufkollaps.

Therapie: *an einem kühlen Ort hinlegen mit erhöhtem Oberkörper, kalte Tücher auf die Haut legen, den Kopf kühlen, viel salzhaltiges Wasser trinken, kaltes Bad nehmen, evtl. Infusion*

Die *Reisekrankheit* kann einen oft auf einer Weltreise überraschen. Ob auf dem Schiff, im Zug, im Bus, im Auto oder im Flugzeug – die Bewegungskrankheit tritt dann auf, wenn die Informationen von Augen und Gleichgewichtsorgan nicht übereinstimmen (bzw. Lage und Beschleunigung des Körpers).

Therapie: *auf den Horizont in Fahrtrichtung konzentrieren, an die frische Luft gehen, Reisetabletten, Vitamin C oder Ingwer, Entspannungsübungen, Pfefferminztee trinken*

Bei Langstreckenflügen besteht die Gefahr einer *Thrombose*. Aufgrund der extremen Trockenheit und dem niedrigen Luftdruck im Flugzeug sowie der mangelnden Bewegungsmöglichkeiten kann es in den Beinenvenen zu einem Blutgerinnsel kommen, das im schlimmsten Fall bis in die Lunge wandern und zum Tode führen kann. Wichtig ist deshalb, sich die vorgeschlagenen Bewegungsübungen im Flugzeug zu Herzen zu nehmen, so viel wie möglich zu trinken, ab und zu den Gang entlangzulaufen oder sogar Kompressionsstrümpfe tragen. Risikofaktoren sind: Immobilisation (je länger je schlimmer, man spricht von ca. 6 h aufwärts), Dehydration, Rauchen, Östrogeneinnahme (Anti-Babypille), bereits erlittene Thrombose, aktive Tumorerkrankung und „grundloses" Auftreten von Thrombosen bei erstgradigen Verwandten.

Auf den folgenden Internetseiten findest du weitere Informationen zum Thema Impfungen und Reisemedizin. Dort hast du auch die Möglichkeit, für jedes Land zu recherchieren, welche Impfung du wirklich benötigst und welche du weglassen könntest:

*www.fit-for-travel.de*
*www.crm.de*
*www.safetravel.ch*

Diese Ausführungen, wie auch die Internetseiten, haben keinen Anspruch auf Vollständigkeit und ersetzen keinesfalls den Besuch bei einem Arzt. Sie gelten als Erstinformation und geben eine erste Übersicht, vor allem bezüglich der Anzahl von Impfungen sowie der benötigten Zeit vor der Abreise, um mit den Impfungen und der Impfberatung zu beginnen.

## Reiseversicherungen

Eine Auslandskrankenversicherung stellt einen erheblichen Kostenblock dar, der oft bei der Budgetplanung vergessen wird. Wer nicht länger als bis zu drei Monate unterwegs ist, kann es sich leicht machen und eine zusätzliche Reisekrankenversicherung abschließen (z.B. Europäische Reiseversicherung, Elvia, Mobiliar oder bei der eigenen privaten Krankenkasse).

Wer jedoch bis zu einem Jahr oder länger auf Weltreise geht und im Ausland verweilt, muss sich Gedanken über eine weltweite Langzeitkrankenversicherung machen. Ohne Krankenversicherung zahlt man im Ausland schnell viel Geld, sollte nach einem Unfall oder Krankheit wirklich mal ein Rücktransport oder ähnliches in die Heimat erforderlich werden.

Sich durch den Versicherungsdschungel zu kämpfen, ist etwas zeitaufwendig und mühsam (sicher nicht die spassigste Reisevorbereitung). Die Versicherungen sind sich alle sehr ähnlich und die Unterschiede sind meistens im Preis und im Kleingedruckten zu finden. Wenn eine Versicherung besonders günstig ist, kann man davon ausgehen, dass sie im Vergleich zu anderen manche Leistungen durch Höchstbeträge begrenzt oder sogar einen Selbstbehalt fordert. Es ist also wichtig, sich alles gründlich durchzulesen und sich für eine zu entscheiden, die genau auf den persönlichen Bedarf passt.

Auf einer Weltreise neigt jeder dazu, viel Neues auszuprobieren, so auch diverse Sportarten, wie zum Beispiel Bungee Jumping, Tauchen, Bergsteigen, Schneesport etc.. Wer also viel Sport macht, sollte unbedingt darauf achten, was alles versichert ist.

Wichtig für die Versicherungsentscheidung ist auch, wohin man reist. In vielen Ländern Südamerikas und Asiens sind die

Behandlungen sehr kostengünstig und man kann es durchaus selbst zahlen. Dies heißt nicht, dass man auf eine Krankenversicherung verzichten soll, sondern lediglich, dass man sich z.B. für eine mit einem geringen Beitragssatz entscheiden könnte.

Vor Abschluss der Versicherung erkundige dich auch, ob die Versicherung alle Kosten sofort übernimmt oder ob du erst in Vorauszahlung gehen musst. Viele Versicherungen erwarten übrigens, dass die Rechnungen zur Rückerstattung immer in einer Weltsprache (Englisch, Französisch, Spanisch, Deutsch) geschrieben sind und im Original eingereicht werden. Eventuell ist bei deiner Versicherung bereits eine Onlinemeldung des Schadenfalls möglich, so dass die Rückerstattung des ausgelegten Geldes schneller erfolgen kann.

Worauf sollte man beim Versicherungsvergleich achten?

- Gültigkeit bis 365 Tage mit der Möglichkeit zu verlängern
- kein Selbstbehalt
- freie Arzt- und Krankenhauswahl vor Ort
- 100 % Erstattung der Arzt- und Krankenhauskosten
- 24-Stunden Notrufservice
- 100 % Erstattung von Arzneimitteln
- Übernahme von Unfall- und Krankenhauskosten ohne Vorauszahlung
- Welche Sportarten und Aktivitäten sind alles versichert?
- medizinisch notwendiger Rücktransport nach Hause
- 100 % schmerzstillende Zahnbehandlungen
- Schutz im Heimatland nach Rückkehr
- Personenbergung und Todesfall
- Preis

**Deutschland**

Die gesetzliche Krankenversicherung, die nur die Kosten in europäischen Ländern übernimmt, reicht für eine Weltreise nicht aus. Es empfiehlt sich für deutsche Weltreisende, diese zu kündigen. Es ist gestattet, nach Rückkehr problemlos wieder in die gesetzliche Krankenkasse zurückzukehren. Wer privat versichert ist, erkundigt sich am besten bei seiner Versicherung, ob diese einen Zusatz anbieten kann, der die ganze Welt abdeckt. Speziell für Weltreisende und Fälle wie Studium, Au Pair, Work & Travel im Ausland, die bis zu 12 Monate oder länger dauern, werden mittlerweile viele private Langzeitkrankenversicherungen angeboten.

An dieser Stelle folgen nun einige empfehlenswerte Anbieter für Langzeitkrankenversicherungen in Deutschland. Eine gute Übersicht über die aktuell günstigsten Versicherungen findet man auch auf der Internetseite *www.reiseversicherung.com*.

STA TRAVEL *(www.statravel.de)*
Für alle, die ihren Flug bei STA Travel gebucht haben, bietet sich die Möglichkeit, auch dort die Versicherung abzuschließen. Diese ist speziell auf die Bedürfnisse von Reisenden, Work & Holiday Programmen, Auslandsstudien etc. zugeschnitten. Zusätzlich sind alle Sportarten (außer Profisport) versichert. Eingeschlossen sind auch drei Wochen Versicherungsschutz nach Rückkehr ins Heimatland. Der Preis der Versicherung richtet sich nach Alter, Aufenthaltsdauer und mit oder ohne Nordamerika. Bis 34 Jahre und inklusive USA und Kanada kostet eine Versicherung für 12 Monate knapp 500.– Euro. (Stand 2012)

ISIS *(www.isic.de)*
Diese Auslandsreiseversicherung ist speziell für Studierende bis 35 Jahre, die einen internationalen Studentenausweis (ISIC) besitzen. Das Versicherungspaket der ISIS beinhaltet eine Kranken-/Unfallversicherung ohne Selbstbehalt, Gepäckversicherung, Notfallservice und Ankunftsverzögerung. Sie ist für 12 Monate gültig, kann jedoch auf 3 Jahre verlängert werden. Die meisten Sportrisiken sowie ein Versicherungsschutz bis zu 4 Wochen im Heimatland nach Rückkehr sind ebenfalls eingeschlossen. Die Versicherung kostet ca. 400.– Euro für 12 Monate inkl. USA/Kanada. (Stand 2012)

WORLD NOMADS *(www.worldnomads.de)*
Die Versicherung von World Nomads ist vom Lonely Planet empfohlen und richtet sich besonders an abenteuerlustige Reisende. Versichert sind medizinische Kosten, Krankenhausaufenthalt, Evakuierung im Notfall, Rückreise, Überführung im Todesfall, Diebstahl oder Verlust des Gepäcks, schmerzstillende Zahnbehandlung sowie Stornokosten der Reise. Eine Liste der versicherten Sportarten und Aktivitäten sind auf der Internetseite zu finden. Eine Jahresversicherung kostet ca. 1000.– Euro und ist nur online und mit Kreditkarte zu erwerben. (Stand 2012)

ADAC *(www.adac.de)*
Auch Nicht-Mitglieder können sich über den ADAC versichern lassen. Der ADAC-Auslands-Krankenschutz-Langzeit ist bis zu zwei Jahre gültig. Er umfasst Arzt, Zahnarzt, Klinik und Operation, Krankenrücktransport, Personenbergung, Überführung im Todesfall und einen medizinischen Informationsservice. Zu beachten ist, dass pro Schadensfall ein Selbstbehalt von 50.– Euro

anfällt. Für Reisen in die USA gilt, dass die Abrechnung unbedingt auf den amerikanischen Formularen „HCFA" (Krankenhaus) und „UB" (Arzt) erfolgen muss, sonst gibt es Probleme bei der Rückerstattung. Eine Versicherung für Personen bis 27 Jahre und einer Dauer von 12 Monaten kostet für Nicht-Mitglieder 365.– Euro. (Stand 2012)

DKV *(www.dkv.com)*
Die DKV bietet einen Reise-Krankenschutz von 12 Monaten oder drei Jahren an. Dieser ist sehr umfangreich mit 100 % Erstattung von Krankheitskosten, Zahnarztkosten, Krankenhauskosten sowie Überführungskosten bis max. 10.000 Euro. Eine ausführliche Beratung und Unterlagen kann man auf der Internetseite anfordern. Die Versicherung kostet ab 23.– Euro monatlich (je älter, desto teurer, Amerika extra). (Stand 2012)

HANSE MERKUR *(www.hansemerkur.de)*
Diese Versicherung gibt es für Auslandsaufenthalte von bis zu fünf Jahren. Sie übernimmt im Ausland die medizinisch notwendige ambulante oder stationäre Heilbehandlung, Krankentransporte zum nächsten Arzt oder ins Krankenhaus, schmerzstillende Zahnbehandlung, medizinisch sinnvollen Rücktransport, Überführung und Bestattung. Man muss keinen Selbstbehalt zahlen und bekommt nach Rückkehr die zuviel gezahlte Prämie zurückerstattet. Es gibt auch eine extra Versicherung nur für Studenten oder Au Pairs. Die Berechnung der Versicherung erfolgt tagesweise, beginnend bei einer Tagesprämie von 1.05 Euro pro Tag ohne USA und Kanada und bis zu einem Alter von 65 Jahren. (Stand 2012)

TRAVEL SECURE *(www.travelsecure.de)*
Die Reiseversicherung der Travel Secure ist vermehrt mit einer guten Note von Stiftung Warentest beim Vergleich von Langzeitkrankenversicherungen ausgezeichnet worden. Sie bietet Schutz bei Reisen für 365 Tage, eine freie Arzt- und Krankenhauswahl, Kostenübernahme bei ambulanten und stationären Behandlungen, Zahnbehandlungen und Zahnfüllungen, Krankentransport, Rücktransport nach Hause und Informationsservice. Bei Abschluss erfolgt keine Gesundheitsprüfung und auch der übliche Selbstbehalt im Schadensfall ist nicht zu entrichten. Diese Versicherung kostet ca. 350.– Euro für 12 Monate ohne Nordamerika. (Stand 2012)

EUROPÄISCHE REISEVERSICHERUNG *(www.reiseversicherung.de)*
Die Europäische Reiseversicherung bietet ebenfalls eine Langzeitreiseversicherung für Studenten bis 35 Jahre und Au Pairs an. Diese beinhaltet neben der normalen Krankenversicherung im Ausland auch eine Unfallversicherung, eine Haftpflichtversicherung und eine Reiseabbruchversicherung. Das Paket kostet ab 16.– pro Monat. (Stand 2012)

## Österreich

Mit Beendigung des Arbeitsverhältnisses in Österreich endet auch die gesetzliche Pflichtversicherung. Dann besteht die Möglichkeit sich freiwillig bei der bestehenden Versicherung weiterzuversichern oder sich für die Dauer der Weltreise neu privat zu versichern. Ein Wiedereintritt in die gesetzliche Krankenversicherung ist nach Rückkehr mit Aufnahme eines neuen Arbeitsverhältnisses möglich. Bevor man sich aber eine private

Zusatzversicherung sucht, sollte geprüft werden, ob nicht bereits ein Versicherungsschutz besteht, z.B. über die Kreditkarte oder den ÖAMTC (Schutzbrief des österreichischen Automobilclubs). Wer länger als 45 Tage unterwegs ist, kann dort die Langzeitvariante abschließen. Die österreichische Ärzteflugambulanz, der internationale Flugrettungsdienst Austria sowie der Alpenverein bieten Mitgliedern weltweite Versicherungen an, darunter auch für Langzeitreisen. Einige der deutschen Versicherungsunternehmen bieten auch in Österreich ihre Leistungen an, so zum Beispiel STA Travel *(www.statravel.at)* und die Europäische Reiseversicherung *(www.europaeische.at)*.

**Schweiz**

Die gesetzliche Grundversicherung in der Schweiz ist nicht ausreichend für eine Weltreise. Die Grundversicherung deckt nur notfallmäßige Behandlungen beim Arzt und im Krankenhaus sowie ärztlich verordnete Medikamente ab; dies nur solange wie ein Rücktransport in die Schweiz unzumutbar ist. Bei Kosten für Behandlungen in Ländern, mit denen die Schweiz kein Sozialversicherungsabkommen (außerhalb EU) hat, wird maximal der doppelte Betrag der Kosten zurückerstattet (der in der Schweiz gezahlt würde für die Behandlung). In vielen Ländern sind Arzt- und Spitalkosten um ein Mehrfaches höher als in der Schweiz. Für eine Weltreise ist also auf jeden Fall eine zusätzliche weltweite Ferien- und Langzeitreiseversicherung notwendig.

Da der Schutz der obligatorischen Unfallversicherung 30 Tage nach dem Tag des letzten Lohnanspruches erlischt, ist es ratsam den Unfallschutz ebenfalls bei der Krankenversicherung mit einzuschließen. In der Grundversicherung ist der notwendige

Krankenrücktransport nur unzureichend gedeckt. Hier ist eine Mitgliedschaft bei der REGA für 30.– CHF pro Jahr empfehlenswert. Als Gönner der REGA *(www.rega.ch)* bekommst du eine weltweite Beratung bei medizinischen Problemen und die medizinisch notwendige Rückführung in die Schweiz im Notfall.

Normalerweise entfällt der Schutz der Grundversicherung mit Aufgabe des Wohnsitzes in der Schweiz. Je nachdem wie lange deine Reise dauern soll, musst du dir nun überlegen, ob du deine Schweizer Grundversicherung behalten möchtest oder nicht (Abmeldung oder nicht, siehe Seite 105).

Es besteht die Möglichkeit bei einem befristeten Auslandsaufenthalt die bisherige Versicherungsdeckung zu behalten, wenn man eine Kontaktadresse in der Schweiz angibt und für eine konstante Prämienzahlung sorgt. Die Prämien inklusive Unfall- und weltweiter Zusatzversicherung können recht hoch ausfallen (ca. 300.– CHF pro Monat) und im Vergleich zu internationalen Krankenversicherungen ist die Versicherungsleistung schlechter, da du auch noch den Selbstbehalt bezahlen musst. Es kann sich also lohnen, Offerten zu vergleichen und erst dann zu entscheiden.

Einige deutsche Versicherungen nehmen auch Schweizer Staatsangehörige auf. In der Schweiz werden internationale Versicherungen von Visana, Supra und Groupe Mutuel, AIG, CSS, Swica, Sanitas und Intras angeboten.

## Medizinische Versorgung unterwegs

Während der Reiseplanung ist es sicherlich vorteilhaft, sich über die medizinischen Versorgungsmöglichkeiten in den betreffenden Ländern zu informieren und vorab mit der

Krankenversicherung zu sprechen, um zu wissen, welche Fälle versichert sind; in welchen Ländern es Besonderheiten gibt; was in einem Notfall zu tun ist; wie die Abrechnung erfolgt usw.. Es wäre ärgerlich, im Nachhinein erfahren zu müssen, dass die Behandlung nur teilweise gedeckt ist und man den größeren Teil der Kosten selbst tragen müsste.

NORDAMERIKA

Reisen in Nordamerika (Kanada, USA) sind in der Regel unbedenklich, da die medizinische Versorgung dort ausgezeichnet ist. Alle größeren Städte besitzen einen Rettungsdienst, der über die Telefonnummer 911 erreicht werden kann. Bei einem Arztbesuch gilt man automatisch als Privatpatient, demzufolge sind die Kosten entsprechend höher und es kann schnell teuer werden. Im Krankheitsfall ist es ratsam, bereits vor Ort mit der Versicherung zu Hause Kontakt aufzunehmen und die Kostenübernahme abklären zu lassen.

ZENTRAL- und SÜDAMERIKA

Gerade in Mittel- und Südamerika gibt es selten medizinische Versorgung abseits der Städte und Touristenorte. Der Standard der ärztlichen Versorgung variiert dort sehr. Gute Hotels verfügen meistens über eine Liste mit englischsprachigen Ärzten und Privatkrankenhäusern. Privatkrankenhäuser entsprechen eher dem westlichen Standard, sind jedoch erheblich teurer. In öffentlichen Kliniken gibt es lange Wartezeiten, Verständigungsprobleme, Hygienemängel und die technische Ausstattung lässt oft zu wünschen übrig. Auf vielen Inseln der Karibik ist die ärztliche Versorgung jedoch gut, da zahlreiche Mediziner in den USA ausgebildet wurden. Auch in großen

Städten in Südamerika kann man die medizinische Versorgung in den Privatkrankenhäusern mit europäischen Verhältnissen vergleichen. In den meisten ländlichen Gegenden jedoch ist die Versorgung hygienisch und technisch sehr problematisch. Eine zuverlässige Reiserückholversicherung ist hier für den Notfall empfehlenswert.

AFRIKA

Die medizinische Versorgung in allen Entwicklungsländern Afrikas ist noch recht dürftig. Selbst in den Ländern, wo bereits der Tourismus Einzug gehalten hat, wie zum Beispiel Kenia oder Namibia, ist sie immer noch nicht mit der in Europa zu vergleichen. In den größeren Städten findet man einfache Krankenhäuser und englischsprechende Ärzte. Ausnahme ist Südafrika, dort ist das Gesundheitswesen relativ gut ausgebaut. Die staatlichen Krankenhäuser sind sehr überlaufen, die privaten haben dagegen europäisches Niveau. Arztrechnungen müssen vor Ort sofort beglichen werden.

ASIEN

In vielen asiatischen Ländern verbessert sich die wirtschaftliche Situation stetig und damit auch die Gesundheitsversorgung. Die medizinische Versorgung birgt in den großen Hauptstädten keine Probleme. Beispielsweise haben Bangkoks Krankenhäuser mittlerweile weltweit einen ausgezeichneten Ruf. In den Touristengebieten kann jedes Hotel bei Notfällen einen gut ausgebildeten Arzt und Dolmetscher besorgen. Behandlung und Medikamente müssen in der Regel sofort bezahlt werden. Auf dem Land und in touristisch weniger erschlossenen Gebieten ist die medizinische Versorgung noch sehr spärlich.

OZEANIEN
Australien und Neuseeland haben einen sehr hohen Hygienestandard. Die medizinischen Versorgungseinrichtungen sind auf dem neuesten Stand, sogar in dünn besiedelten Gebieten lässt sich Hilfe im Notfall gewährleisten. Arztkosten müssen ebenfalls im Voraus bezahlt werden. In der Südsee kommt es auf die Entwicklung der Insel an. Die gut touristisch erschlossenen Inseln wie Cook Islands, Französisch Polynesien, Western Samoa können eine ausreichende medizinische Versorgung sicherstellen. In jeder Hauptstadt lässt sich ein Krankenhaus finden. Die Versorgung auf anderen Südseeinseln ist recht dürftig.

Allgemeine und aktuelle Informationen zu der medizinischen Versorgung in den jeweiligen Ländern sind auf den Seiten des ausländischen Amtes zu finden:

*www.auswaertiges-amt.de*
*www.eda.admin.ch*
*www.bmeia.gv.at*

**Reisehaftpflichtversicherung**

Grundsätzlich ergeben sich für einen Weltreisenden zwei Konstellationen: Man hat bereits eine private Haftpflichtversicherung oder nicht (was eigentlich eher selten der Fall ist). Die Aufgabe einer Haftpflichtversicherung ist es, für Schäden, die Personen oder deren Eigentum betreffen, zu haften. Dies ist sehr wichtig, denn wenn man Fremde oder deren Eigentum z.B. durch einen Unfall beschädigt, können die Schadensersatzansprüche in unbezahlbare Höhen gehen und sind somit privat

kaum finanzierbar. Eine private Haftpflichtversicherung versichert in der Regel auch Auslandsreisen bis zu 6 Monate.
Hier ist es also notwendig, den genauen Zeitraum und die weltweite Gültigkeit abzuklären. Oft klammern die Versicherungen bestimmte Fälle aus, wie zum Beispiel Beschädigung fremden Eigentums im Ausland (Hotels) oder Verletzung einer anderen Person beim Snowboarden. Auch hier gilt wieder, sich unbedingt vorab beraten zu lassen, ob die weltweite Deckung ausreicht und ob auch auf die speziellen Bedürfnisse eines Reisenden im Ausland eingegangen wird.

Es gibt auf dem Markt einige Reisehaftpflichtversicherungen, die extra für eine lange Reise abgeschlossen werden können, aber im Normalfall ist es günstig, wenn man einfach seine bisherige Haftpflichtversicherung zu Hause weiterlaufen lässt und die jährliche Zahlung per Lastschrift organisiert.

## Reisegepäckversicherung

Wer über keinen Ganzjahresschutz durch die private Hausratversicherung verfügt, kann eine Reisegepäckversicherung für die Zeit im Ausland abschließen. Diese Versicherung deckt den Schutz des Reisegepäcks ab. Schutz besteht im Falle von Diebstahl, Einbruch, Raub, räuberischer Erpressung, Mut- oder Böswilligkeit Dritter, Elementarschäden (Sturm, Brand, Blitz, Explosion) und höherer Gewalt.

Nicht erstattungsfähig sind Schäden, die durch die mangelhafte Beschaffenheit oder Abnutzung der versicherten Sachen (z.B. Zelt, Campinggegenstände, Fotoapparat) auftauchen. Die Versicherungshöhe wird anhand der zu versichernden Sachen festgelegt, wobei die meisten Versicherungen sich ggf. durch

Höchstsummen beschränken und zum Beispiel nur Gepäck im Wert von bis zu 3.000 Euro versichern.

Die Reisegepäckversicherung erfasst ein grösseres Spektrum als die Hausratsversicherung, die in der Regel nur einfache Diebstähle im Ausland versichert. Allerdings kann die Reisegepäckversicherung schon bei geringer Verletzung der Sorgfaltspflicht die Leistung verweigern. Wer zum Beispiel den Mietwagen an einem „gefährlichen" Ort parkt, hat bei einem Einbruch und Diebstahl eventuell das Nachsehen, wenn die Versicherung dies als fahrlässig betrachtet. Auch beim Fliegen muss mit Gepäckverlust oder Beschädigung gerechnet werden. In diesem Fall kommt die Hausratsversicherung nicht auf, da es sich bei dem Verlust nicht um Diebstahl handelt.

Wer also komplett abgesichert sein möchte und viele wertvolle Sachen (Laptop, teure Kamera etc.) auf Reisen mit sich führt, der sollte zusätzlich eine Reisegepäckversicherung abschliessen. Dies kann auch innerhalb der Hausratsversicherung erfolgen. Lass dich bei deiner Versicherung beraten. Die gängigsten Versicherungsanbieter für Reisegepäck sind die Elvia und die Europäische Reiseversicherung.

## Reiserücktrittsversicherung

Die Reiserücktrittsversicherung kommt für alle Stornierungskosten auf, die im Falle des Nichtantretens der Reise anfallen. Ein typisches Beispiel ist Krankheit. Selbst wenn die Reise bzw. der Abflugtermin nur verschoben wird, heißt das im Normalfall, dass das Flugticket annulliert und neu ausgestellt werden muss.

Diese Kosten trägt, beim Vorlegen eines Arztzeugnisses, die Reiserücktrittsversicherung. Im Normalfall gibt es diese

Versicherung in Kombination mit einer Reiseabbruchversicherung (unterwegs) bzw. SOS-Schutz im Notfall. Die normale Annullationskostenversicherung endet mit dem Antritt der Reise, während der SOS-Schutz bis zum Ende der Reise andauert. Sie beinhaltet 24 h Notfalltelefon, Kreditkartensperrservice, Mehrkosten einer unplanmäßigen Rückreise, Kosten für Such- und Rettungsaktionen, Kostenvorschuss bei Krankenhausaufenthalt im Ausland.

Die Reiserücktrittsversicherung muss in der Regel bis spätestens 7 Tage nach Reservierung des Flugtickets abgeschlossen werden. Je nachdem wie lang deine Reise wird, kannst du sie für 1, 3, 6 oder 12 Monate abschließen. Da die Stornokosten für ein Round-The-World Ticket vergleichsweise gering ausfallen, ist diese Versicherung nur empfehlenswert, wenn du vorab viele günstige One-Way-Flüge oder Low Cost Airlines gebucht hast, wo die Stornogebühr meistens 100 % beträgt.

## Versicherungen @ home

Was ist nun mit all den anderen Versicherungen, wie zum Beispiel Kfz-Versicherung, Lebensversicherung, Rechtsschutzversicherung, Berufsunfähigkeitsversicherung, Rentenversicherung usw.. Die Entscheidung, ob du diese weiterlaufen oder sie evtl. für die Zeit, die du im Ausland weilst, ruhen lässt, liegt bei dir und ist abhängig von deinen finanziellen Mitteln und Sicherheitsbedenken. Wenn du dein Auto abmeldest oder verkaufst, fällt die Kfz-Versicherung natürlich weg.

Während der Reise bist du nicht sozialversicherungspflichtig beschäftigt und somit werden auch keine Beiträge in die Rentenversicherung (Pensionskasse, AHV) gezahlt. Durch diese beitragsfreie Zeit reduziert sich der Rentenanspruch im Alter. Eine Möglichkeit dem entgegenzuwirken, ist eine freiwillige Nachzahlung für diese Zeit. Die jährlichen Beiträge für alle Versicherungen kann man bereits vor Abreise einzahlen bzw. dafür sorgen, dass sie per Lastschriftverfahren abgebucht werden können.

### Schadensmeldung unterwegs

Für alle Reiseversicherungen gilt, im Schadensfall muss unverzüglich die Versicherung verständigt werden. Die Mitarbeiter in den Notrufzentralen der Versicherungen organisieren sofort die nötige Hilfe. Wer die Versicherung zu spät verständigt und nicht alle vertraglichen Pflichten erfüllt, muss damit rechnen, dass die Kosten nicht oder nur teilweise übernommen werden. Eine schriftliche Bestätigung des Schadensfalles bzw. Belege, die den Grund und die Höhe des Schadens nachweisen, sind im Anschluss zu Hause dem Versicherer vorzulegen, um den Schaden beweisen zu können (sofern möglich).

Bei Diebstahl bedeutet dies, dass der Diebstahl bei der Polizei gemeldet werden muss und der Polizeibericht der Versicherung vorgelegt wird. Von Vorteil ist es also, sich vor Abreise alle Policen- und Notrufnummern zu notieren und sicher aufzubewahren, um sie im Schadensfall schnell griffbereit zu haben.

## Ausweis und Papiere

### Der Reisepass

Für die Einreise in alle Länder außerhalb Europas ist ein gültiger Reisepass erforderlich. Der Pass sollte auf jeden Fall noch mindestens sechs Monate bis nach dem voraussichtlichen Rückkehrdatum gültig sein. Viele Länder verlangen aufgrund der neuesten verschärften Sicherheitsbestimmungen einen maschinenlesbaren Pass, teilweise sogar mit biografischen und biometrischen Daten. Von daher ist es eine Überlegung wert, vor Abreise noch den neuen „EPass" zu beantragen.

Dieser Reisepass enthält einen elektronischen Chip, auf dem alle wichtigen Daten (Name, Geburtsdatum, Gesichtsbild, Fingerabdrücke) gespeichert sind. Der EPass ist 10 Jahre lang gültig und muss beim Einwohnermeldeamt beantragt werden. Für die Beantragung solltest du genügend Zeit vor der Abreise einplanen und bedenken, dass du für jeden Visaantrag deinen neuen Pass einsenden musst. Dies kann mehrere Wochen und Monate vor der Abreise in Anspruch nehmen.

Da viele Weltreisende mindestens einen Stopp in den USA machen, ist es wichtig, zu kontrollieren, ob der bisherige Reisepass den Anforderungen an die Einreisebestimmungen ohne Visa entspricht. Ohne Visum für maximal 90 Tage darf nur einreisen, wer einen maschinenlesbaren Reisepass hat, der vor dem 26.10.2005 ausgestellt wurde oder wer einen EPass besitzt, der nach dem 26.10.2006 ausgestellt worden ist. Für den Zeitraum dazwischen gilt: der Pass muss bereits ein digitales Passfoto und eine maschinenlesbare Zone erhalten. Neben der Gültigkeit solltest du auch prüfen, ob im Pass noch genügend freie Seiten für die Visastempel vorhanden sind. In manchen Ländern sind diese recht gross und nehmen viel Platz weg. Sobald der Pass voll ist, muss ein neuer beantragt werden, was sich unterwegs als schwieriges Unterfangen herausstellen kann. Nimm auch mindestens 5–6 aktuelle Passfotos für die Visa mit, die bei Ankunft am Flughafen ausgestellt werden.

### Internationaler Führerschein

Bei vielen Reisenden herrscht Unsicherheit, ob der nationale Führerschein im Ausland gültig ist. Wer plant, sich im Ausland ein Auto zu mieten oder zu kaufen, benötigt in der Regel den internationalen Führerschein. Er wird letztendlich nicht in allen Ländern verlangt, aber wer auf Nummer sicher gehen möchte, kann ihn gegen eine geringe Gebühr beim örtlichen Straßenverkehrsamt beantragen. In Verbindung mit dem nationalen Führerschein berechtigt er zum Führen eines Kraftfahrzeuges außerhalb der EU bzw. der Schweiz. Der internationale Führerschein ist nur drei Jahre gültig (in Österreich nur ein Jahr) und kann nicht verlängert werden. Nach Ablauf muss er beim örtlichen Amt neu beantragt werden.

### Internationaler Impfausweis

Für die Reise in manche Länder werden gewisse Impfungen vorgeschrieben, die bei der Einreise sogar kontrolliert werden (speziell Gelbfieberinfektionsgebiete). Auch sonst ist es immer ratsam, auf Reisen einen internationalen Impfpass mit sich zu führen. Falls man krank wird, kann der Arzt so gewisse Krankheiten ausschließen. Den offiziellen gelben internationalen Impfpass der World Health Organisation bekommst du bei deinem Hausarzt bzw. dort, wo du dich impfen läßt. Achte darauf, dass alles richtig und vollständig eingetragen worden ist.

**Internationaler Studentenausweis**

Wer während der Weltreise noch als Vollzeitstudierender einer Universität, Fachhochschule oder Akademie eingeschrieben ist, kann den internationalen Studentenausweis – ISIC – beantragen. Dieser ist der einzige Nachweis des Studentenstatus, der wirklich weltweit akzeptiert wird. Er gilt jeweils für 16 Monate ab Ausstellungsdatum und kann direkt an deiner Universität, beim RDS Reisedienst bzw. auch in einem Reisebüro beantragt werden. Mit dem ISIC kannst du von günstigen Flügen, Unterkünften, ermäßigten Eintritten u.v.m. profitieren. Zusätzlich bietet der ISIC günstige Reiseversicherungen und Kommunikationsservice für unterwegs an. *(www.isic.de)*

Alle wichtigen Dokumente wie Reisepass, Visa, Flugticket, Führerschein, Versicherung, Kreditkarte, Impfausweis etc. sollten kopiert, eingescannt und im Internet in deinem E-Mailaccount gespeichert werden, so dass du bei Verlust jederzeit Zugriff auf eine Kopie hat. Zusätzlich empfiehlt es sich, die Kopien für den Notfall bei der Vertrauensperson zu Hause zu hinterlegen.

## Behördengänge und Vertrauensperson

Es gibt eine Reihe von gesetzlichen Bestimmungen und Verpflichtungen, die dir vor einer Weltreise nicht erspart bleiben. Dies betrifft in diesem Fall alle Amtsgänge, die ein persönliches Erscheinen verlangen, wie z.B. das Einwohnermeldeamt, das Finanzamt oder das Arbeitsamt.

### Abmeldung bei der Gemeinde – ja oder nein?

Wer sein Land für längere Zeit verlässt und damit nicht mehr seinen Lebensmittelpunkt an seinem Wohnort hat, ist laut Gesetz dazu verpflichtet, sich bei der Gemeinde abzumelden. Dies mag Vor- und Nachteile haben.

In Deutschland spielt es nicht so eine große Rolle, ob du angemeldet bleibst oder dich abmeldest. Bei einer Abmeldung solltest du angeben, dass du auf eine Weltreise gehst und deine Nachsendeadresse (z.B. Adresse der Eltern) hinterlegen. Die neue Lohnsteuerkarte gibt es dann erst wieder, wenn du zurück bist und dich neu angemeldet hast. Da man trotz Auslandsaufenthalt beim Finanzamt meldepflichtig ist, sollte die Einkommenssteuererklärung rechtzeitig abgegeben werden. Alternativ ist es auch möglich, eine Verlängerung der Abgabefrist mit einem formlosen Brief zu beantragen.

Wer seinen Haushalt aufgelöst hat, kann sich von den TV- und Radiogebühren befreien lassen. Bei einer Abmeldung könnte das einzige Problem die Versicherung darstellen, da sie evtl. in einer Klausel besagt, dass du deinen Wohnsitz in Deutschland behalten musst, um die Leistungen in Anspruch nehmen zu können. Am besten ist es daher, einfach den Wohnort zu den Eltern oder einer Vertrauensperson zu verlegen, die sich um alle Eventualitäten zu Hause kümmert, während du unterwegs bist.

Dieser Person solltest du auch eine Generalvollmacht ausstellen, damit sie/er in deinem Namen schnell handeln kann. Die Bank möchte ggf. eine eigene Vollmacht ausgestellt haben.

In der Schweiz ist die Abmeldepflicht von Kanton zu Kanton unterschiedlich. Meistens wird ab einem Auslandsaufenthalt von 3–6 Monaten verlangt, dass man sich abmeldet. Es ist empfehlenswert sich frühzeitig mit dem Amt in Verbindung zu setzen, um eine Lösung zu finden. Generell empfiehlt es sich jedoch, angemeldet zu bleiben, wenn man nicht länger als ein Jahr unterwegs sein möchte. Bei Wohnungsaufgabe kann man den Wohnsitz einfach wieder zur Familie oder einer Bekanntenadresse verlegen. Bei zeitlich begrenzten Auslandsreisen ist es auch möglich (von Kanton zu Kanton unterschiedlich) nur eine Abwesenheitsnotiz im Einwohnerregister machen zu lassen (ohne Abmeldung).

Eine Kündigung der Grundversicherung kann nur in Zusammenhang mit einer Abmeldung des Wohnortes in der Schweiz erfolgen. Wer seine Versicherung behalten möchte, muss auch den Wohnort behalten.

Wer sich abmeldet, ist nicht mehr steuerpflichtig. Die Steuern werden dann definitiv zu diesem Zeitpunkt abgerechnet und stellen noch mal einen erheblichen Kostenblock dar. Im Gegenzug kann man jedoch die Verrechnungssteuer zurückfordern. Wenn du dich nicht abmeldest, musst du die jährliche Steuerklärung pünktlich einreichen.

Falls der jährliche Militärdienst in die Zeit der Weltreise fällt, ist ein Dienstverschiebungsgesuch bei der zuständigen Stelle einzureichen und ggf. auch ein Gesuch um Dispensation von der jährlichen Schiesspflicht. Wer länger als 12 Monate im Ausland weilt, muss einen Antrag auf Auslandsurlaub stellen, Wehrpflichtersatz zahlen und seine Ausrüstung/Waffe im Zeughaus abgeben. Die zivilrechtliche Rückmeldung muss dann innerhalb von 14 Tagen nach Rückkehr erfolgen.

In Österreich verhält es sich ähnlich wie in Deutschland: wer die Wohnung aufgibt und Österreich verlässt, sollte sich innerhalb von drei Tagen beim Amt abmelden oder den Hauptwohnsitz zur Familie verlegen. Steuerpflichtig ist man nur solange, wie man den Hauptwohnsitz in Österreich hat. In diesem Fall ist die Steuererklärung pünktlich zu erbringen.

Wer dagegen seinen Wohnsitz abgemeldet hat und keine steuerpflichtigen Einkünfte während dieser Zeit (z.B. Vermietung deiner Wohnung) erzielt, muss auch keine Steuererklärung abgeben. Wehrdienstpflichtige Österreicher, die bereits ihren Grunddienst abgeleistet haben, sind bei einer Auslandreise länger als sechs Monate nicht mehr meldepflichtig.

Deine Vertrauensperson ist für folgende Dinge zuständig, während du auf Reisen bist:

- die nachgesendete Post öffnen und ggf. reagieren
- Kontrolle der Kreditkartenabrechnungen
- Bezahlung diverser Rechnungen, die noch kommen könnten
- Hilfe bei einem Versicherungsfall von dir
- Ansprechperson bei Unfall oder Tod
- Abgabe deiner vorbereiteten Steuererklärung

- Geldüberweisungen, wenn plötzlich die Kreditkarte gesperrt oder gestohlen ist
- Kontrolle der untervermieteten Wohnung und Postkastenleerung

Es ist wichtig, dass deine Vertrauensperson folgende Daten von dir hat:

- Kontaktinformationen (E-Mail, Telefon)
- Übersicht aller gebuchten Flüge und ungefähren Aufenthaltsorte mit Daten
- Kopie des Flugtickets
- Übersicht und Kopie aller Versicherungspolicen mit Telefonnummer und Kontaktperson
- Übersicht aller laufenden Zahlungsverpflichtungen, Lastschriftaufträge
- Kontodaten und Zugangscodes, Ansprechpartner bei der Bank
- Notfallrufnummern des Kreditkartensperrservices, SOS Assistence
- Kontaktdaten der Untermieter deiner Wohnung
- Kontaktdaten des letzten Arbeitgebers

**Arbeitslos melden – ja oder nein?**

Wer in Deutschland gekündigt wurde oder seinen Job freiwillig kündigt, sollte sich arbeitslos melden, da mit Beendigung des Arbeitsverhältnisses auch der gesetzliche Versicherungsschutz (Kranken- und Unfallversicherung) endet. Wenn man sich arbeitslos meldet, ist man weiterhin über die Arbeitslosenversicherung versichert. Anspruch auf Arbeitslosengeld hat, wer innerhalb der letzten zwei Jahre mindestens 12 Monate gearbeitet hat. Wer seine Arbeitsstelle selbst gekündigt hat, unterliegt einer Sperrfrist von drei Monaten, die beginnt sobald man arbeitslos ist. Während dieser Zeit bekommt man kein Arbeitslosengeld, ist aber nach vier Wochen über das Arbeitsamt versichert.

Wenn du dich also zu Beginn der Weltreise (selbst wenn es nur für einen Tag ist) arbeitslos meldest und zum Abreisetag wieder abmeldest, ist deine Sperrfrist vorbei, wenn du wiederzurückkehrst und du hättest dann ab sofort Anspruch auf Arbeitslosengeld. Dies kann dir den Einstieg erleichtern und dir finanziellen Rückhalt geben. Zudem bist du gleich wieder gesetzlich versichert. Den Anspruch auf Arbeitslosengeld hast du für einen Zeitraum von zwei Jahren nach Kündigung deiner Stelle bzw. ab dem Tag, an dem du arbeitslos bist.

Österreicher müssen sich erst mit dem Beginn der Arbeitslosigkeit, spätestens am siebten Tag arbeitslos melden. Zusätzlich muss eine Meldung zur Stellensuche schriftlich oder online beim Arbeitsmarktservice erfolgen. Wer selbst die Stelle kündigt, unterliegt einer Sperrfrist von vier Wochen, gerechnet ab dem Ende des Dienstverhältnisses. Die Sperrfrist läuft unabhängig davon, ob ein Antrag auf Arbeitslosengeld gestellt wird oder nicht. Das bedeutet, dass es nicht notwendig ist, sich vor Abreise arbeitslos zu melden.

In der Schweiz empfiehlt es sich nicht, sich arbeitslos zu melden, da damit jede Menge Verpflichtungen verbunden sind. Geld bekommst du nur vom Amt, wenn du nachweislich ab dem Moment der Kündigung beim Arbeitgeber bzw. mindestens zwei Monate vor Arbeitslosenmeldung jede Woche 2–3 Bewerbungen geschrieben hast und diese nachweisen kannst. Die Sperrfrist verfällt nicht während du im Ausland bist.

## Reisekasse

Bei jeder Weltreise ist es wichtig sicherzustellen, dass du immer „flüssig" bist und Zugang zu deinem Geld hast. Wenn du irgendwo festsitzt und deine Rechnung für die Unterkunft nicht mehr bezahlen kannst bzw. kein Geld mehr hast, um weiterzukommen, kann es richtig ungemütlich werden. Ein richtiger Mix aus allen Zahlungsmitteln ist der beste Weg, um gegen alle Eventualitäten abgesichert zu sein. Bargeld hilft zum Beispiel an den Orten, wo kein Geld bei Banken oder Automaten abgehoben werden kann. Reisechecks helfen weiter, wenn dir alles andere gestohlen wird und eine Kreditkarte hilft fast überall weiter. Bei der Zusammenstellung der Reisekasse ist es wichtig, die Sicherheit, die Flexibilität und die anfallenden Kosten zum Beispiel für Bargeldbezug zu betrachten.

Für die Sicherheit sprechen immer noch die traditionellen Reisechecks, die bei fast jeder Bank gekauft werden können. Die Travelers Cheques gibt es in 7 Währungen. Empfehlenswert ist es, diese in Euro oder US-Dollar zu kaufen, je nachdem welche

Länder bereist werden. Die ideale Stückelung sind 50er und 100er Scheine. Die Travelers Cheques solltest du für den Notfall aufheben: Wenn dir tatsächlich alles gestohlen werden sollte, kannst du den Diebstahl direkt bei American Express oder bei fast jeder Bank melden und bekommst die Travelers Cheques in der Regel innerhalb von 24 Stunden vor Ort kostenlos ersetzt. Für diesen Fall sind die Reisechecknummern und die Quittung des Kauferwerbs an einem sicheren Ort aufzubewahren (z.B. einscannen und dir online zur Verfügung stellen), denn diese Angaben brauchst du bei einer Verlustmeldung.

Beim Kauf von Reisechecks ist deine Unterschrift und eine persönliche Identitätskarte notwendig. Die Kaufgebühr beträgt 1 % vom gesamten Betrag der Checks. Wenn du die Checks unterwegs einlösen möchtest, ist eine zweite Unterschrift auf dem Check und das Vorzeigen der Identitätskarte (Reisepass) notwendig. Für das Einlösen der Checks in Lokalwährung berechnet die Bank vor Ort teilweise eine geringe Gebühr, diese kann unterschiedlich hoch sein.

Nun stellt sich noch die Frage, wieviel Geld du ungefähr in Travelers Cheques einlösen solltest. Am besten soviel, dass es für einige Tage für Unterkunft, Verpflegung und Fortbewegung zum nächsten Flughafen reichen würde. Wenn du zum Beispiel dein Kreditkartenlimit überziehst und sie gesperrt ist, kann es einige Tage (Zeitverschiebung, Öffnungszeiten der Banken etc.) dauern, bis du wieder an Geld kommst. Lieber zu viel als zu wenig kaufen, denn die Checks verfallen nicht und können auch bei der nächsten Reise wieder zum Einsatz kommen.

Eine moderne Variante der Travelers Cheques ist die sog. Travel Cash Karte bzw. Travelers Cheques Karte. Sie wird wie eine Prepaidkarte gehandhabt. Man kann die Karte vor Abreise mit einem bestimmten Geldbetrag (Achtung Maximalbetrag) aufladen und weltweit an Bankautomaten Geld in Lokalwährung abheben oder sogar direkt mit der Karte bezahlen. Die Karte und das Guthaben werden bei Verlust kostenlos und weltweit innerhalb von 48 Stunden ersetzt. Da keine Verbindung zum Bankkonto besteht, gilt sie ebenfalls als sicheres Reisezahlungsmittel.

Für die Karte bekommt man einen Pincode (änderbar) für den Einsatz am Bankautomaten und einen Code zur Kontoverwaltung im Internet. Dort kann sie auch jederzeit wieder aufgeladen werden. Für den Geldbezug am Automaten zahlt man jedes Mal eine Gebühr. Auf dem Schweizer Markt ist die Travel Cash Card *(www.swissbankers.ch)* von Swiss Bankers am bekanntesten. Nachteil dieser Karte ist, dass sie in der Regel nur dort wieder aufgeladen werden kann, wo sie gekauft worden ist. In Deutschland bieten die Kreditkarteninstitute eine ähnliche Variante an, wie zum Beispiel die Visa Prepaid Karte *(www.visa.de)*. In Österreich gibt es zum Beispiel die Maestro Traveller Card oder auch die Visa Prepaid Card.

Die gängigsten Zahlungsmittel weltweit sind Maestro- und Kreditkarten. Mit der Maestrokarte (EC-Karte) ist es möglich weltweit Geld am Bankautomaten abzuheben (Verfügbarkeit eingeschränkt). Bevor du also die Kreditkarte zückst, solltest du deine Maestrokarte probieren, da mit dieser erheblich geringere Gebühren bei Bargeldbezug anfallen als mit der Kreditkarte. Überlege dir vielleicht vorab, ob du dein vorhandenes EC-Konto nutzen möchtest oder eines nur für die Reise eröffnen möchtest. Der Vorteil für eine separate Reisekasse ist, dass du jederzeit einen guten Überblick hast, in wieweit deine Reisekasse schrumpft und wieviel Geld du noch zur Verfügung hast. Du kannst es auch so einrichten, dass dir jeden Monat ein bestimmter Betrag auf dieses Konto überwiesen wird. So hast du immer ein Limit vor Augen und im Falle eines Schadensfalles (Betrug, Diebstahl) ist dann nur dieser Betrag verloren.

Das Geld auf deinem Privatkonto ist im Schadensfall nicht wie bei der Kreditkarte versichert, deshalb überlege dir gut, wie hoch dein Dispositionskredit ist und ob du ihn für die Dauer der Reise nicht ändern möchtest. Die Maestrokarte wird bei Verlust auch nicht so leicht ersetzt wie eine Kreditkarte. Eine Ersatzkarte wird dir nur an deine Heimatadresse gesandt und dies dauert mindestens eine Woche.

Für eine Weltreise sind also eine bzw. am besten zwei Kreditkarten notwendig. Wenn du das Tageslimit von der einen Kreditkarte aufgebraucht hast oder sie aus irgendeinem Grund gesperrt ist, hast du zur Sicherheit noch eine zweite zur Verfügung. Kreditkarten sind weltweit als Zahlungsmittel einsetzbar und gelten auch häufig als Sicherheitsnachweis (Flug- und Autoreservierung). Der Geldbezug kostet dich nichts, wenn sie zur direkten Bezahlung angewendet werden. Bei der Bargeldbeschaffung am Automaten fallen jedes Mal recht hohe Gebühren an, zwischen 2–4 % des Gesamtbetrages. Im Falle eines Diebstahls oder Verlust gibt es eine 24 h Notrufhotline, die sofort die Karte sperren lässt, so dass das Geld sicher ist. Die monatliche Kreditkartenrechnung kann per Lastschriftverfahren von deinem Reisekonto bezahlt werden.

In Deutschland gibt es bereits einige Banken, die kostenlose Kreditkarten anbieten: Deutsche Kreditbank AG, Comdirekt Bank AG oder die ING-Diba. Für Österreicher steht das DKB-Cashkonto ebenfalls zur Verfügung. In der Schweiz gibt es diverse kostenlose Kreditkartenanbieter (Coop, Migros, Jelmoli).

Um deine Finanzen unterwegs verwalten zu können, benötigst du ein Online-Bankingsystem, welches möglichst sicher und praktisch ist. Die neuen Systeme mit Pin-Sendung an dein Handy nützen dir nichts, wenn du im Ausland kein Handy hast. Die Systeme mit einem Pin/Tan-Rechner nützen dir auch wenig, da dieser gestohlen oder beschädigt werden kann.

Am meisten Sinn für eine Weltreise machen die Systeme mit Pin- und TAN-Verfahren auf einem normalen Blatt Papier. Eine Kopie hinterlegst du bei deiner Vertrauensperson und eine Kopie sicherst du dir im Internet in deinem E-Mailkonto. Lass dich von deiner Bank beraten, welches die praktischste Lösung für dich sein könnte.

Zu guter Letzt ist es ratsam, für die ersten Tage im Ausland eine bestimmte Menge an Bargeld (lokale Währung, Euro oder US-Dollar) bei sich zu haben. Eventuell fallen Visagebühren am Flughafen an, die du in bar bezahlen musst; du benötigst Kleingeld für die Verkehrsmittel, um in die Stadt oder zur nächsten Bank zu kommen; viele Hostels wollen auch Bargeld sehen usw..

Bargeld kann entweder vor Abreise in die gewünschte Währung getauscht werden oder vor Ort in jeder Bank oder Wechselstube (Achtung vor ominösen Wechselstuben). Die Höhe der Bargeldsumme sollte ausreichen, um die ersten Tage über die Runden zu kommen. Du solltest darauf achten, nie zuviel Bargeld bei dir zu tragen bzw. es gut zu verteilen (Kleidung, Gepäck, Hostel). Bei Umtausch vor Ort lohnt es sich, zuerst die Gebühren von einigen Banken und Wechselstuben zu vergleichen und dann zum günstigsten Kurs zu tauschen.

# Tipps für unterwegs

Für jeden Reisenden,
der eine Spur eigenen Geschmacks hat,
wird der einzig nützliche Reiseführer der sein,
den er selbst geschrieben hat.

*Aldous Huxley*

## Kommunikation auf Reisen

Noch vor nicht allzu langer Zeit war nach Hause telefonieren ziemlich teuer, aber mittlerweile ist die Kommunikation mit den Daheimgebliebenen nun wirklich günstig möglich, und das von überall auf der Welt. In fast jedem Hostel hast du kostenfrei WLAN (selbst in Ländern wie Kolumbien, Ecuador oder Vietnam) oder Zugang zum Internet, der es dir ermöglicht schnell ein paar Fotos hochzuladen, ein kleines Video auf deinen eigenen Youtube-Reisekanal zu stellen, deinen Reiseblog mit spannenden Reiseberichten zu füttern, die täglichen Erlebnisse zu twittern oder in deinen sozialen Netzwerken zu kommentieren, per Skype *(www.skype.com)* kostenlos zu telefonieren oder einfach eine traditionelle Mail mit den neuesten Erlebnisberichten nach Hause zu senden.

Vor der Abreise tauchen also vielleicht folgende Fragen auf:

- Willst du dein Handy mitnehmen oder kaufst du dir eventuell nur ein günstiges für die Reise?
- Besorgst du dir eine internationale SIM-Karte oder kaufst du eine lokale Simkarte im jeweiligen Land?
- Nimmst du einen kleinen Laptop mit?

Und selbst wenn du auf jegliche Technik verzichtest, findet sich vor Ort fast überall ein Internetzugang, von dem du ein Lebenszeichen versenden kannst. Falls du mal nicht weißt, wo du einen Internetzugang finden kannst, sind Post und Bibliotheken oft ein guter Anlaufpunkt. Du kannst dich auch vorab entlang deiner Reiseroute auf *www.cybercafe.com* informieren, wo du jeweils einloggen kann. (Aber man kann es natürlich auch übertreiben mit der Weltreiseplanung ...).

Sollte deine Unterkunft kein WLAN haben, gibt es meistens Hot Spots in Cafés, Hotels, Bibliotheken oder Universitäten. Weltweite Hotspots lassen sich auch recherchieren: *www.free-hotspot.com* oder *www.hotspot-locations.de*.

Da viele Reisende unterwegs ungern auf ihr Handy verzichten, besteht die Möglichkeit, sich vor Abreise eine internationale Prepaidkarte zu kaufen. Diese ermöglicht weltweite Telefonate und SMS zu einem relativ günstigen Preis und ohne die üblichen Roaminggebühren. Stell sicher, dass dein Handy keinen SIM-Lock hat und du es auch mit anderen SIM-Karten benutzen kannst. Kostenlos telefonieren via WLAN kannst du mit VoIP (z.B. Skype) und diversen Call- und Videochat Apps *(www.truphone.com, www.fring.com)*.

Anbieter internationaler Prepaidkarten:

*www.talktocare.net*
*www.travelsimshop.com*
*www.tourist-mobile.com*
*www.onesimcard.com*
*www.truphone.com*
*www.isic.de* (ISIConnect)

Da die Telefonanbieter ständig im Wechsel sind, hilft hier sicherlich Google bei der Suche nach der passenden Simkarte weiter. Wenn du länger in einem Land weilst, macht es Sinn, sich vor Ort eine lokale SIM-Karte zu kaufen (gibt es am Kiosk, Supermarkt oder Telefonshop in größeren Städten). Der einzige Nachteil hierbei ist, dass du während der Weltreise ständig wechselnde Telefonnummern hast bzw. vor der Abreise noch niemandem deine Nummer mitteilen kannst.

Eine Alternative sind internationale Telefonkarten für die traditionelle Telefonzelle. Hier stehen sogenannte Call-Back-Telefonkarten (der Angerufene übernimmt die Kosten für das Gespräch) und die Guthaben-Telefonkarten zur Auswahl. Wenn du eine internationale Studentenkarte von ISIC besitzt, steht dir z.B. die ISIConnect zur Verfügung – eine globale, wiederaufladbare Telefonkarte *(www.isiconnect.ekit.com)*. In den Hostels unterwegs findest du oft Werbung für internationale Telefonkarten oder ähnliches. In Australien existiert beispielsweise die VIP-Backpacker Discount Karte (speziell für Reisende), die sich per Kreditkarte als Prepaid-Telefonkarte aufladen lässt und zusätzlich Vergünstigungen bei Unterkunft, Automiete, Touren und Bustickets anbietet *(www.vipbackpackers.com)*.

Weltweite Erreichbarkeit garantieren Satellitentelefone *(z.B. www.iridium.com, www.thuraya.de, www.globalstar.com)*. Diese sind jedoch im Vergleich zu anderen Kommunikationsmöglichkeiten relativ teuer. Wenn du keine Expedition in der Wildnis planst und dich auf normalen Reisepfaden durchschlägst, ist solch eine Investition für eine Weltreise eher überflüssig.

## Reisetagebuch

Das Reisen durch andere Länder und Kulturen erweitert den Horizont und wird dich zum Nachdenken anregen. Du wirst viele Erlebnisse haben, die du auf irgendeine Art und Weise festhalten möchtest. Ein Reisetagebuch zu führen, gibt dir die Möglichkeit all deine Eindrücke und Erinnerungen zu konservieren und darüber zu philosophieren.

Du wirst merken, dass du bereits nach einigen Monaten anfängst zu vergessen. Es ist fast unmöglich jeden Tag so lebhaft in Erinnerung zu behalten, wenn man täglich soviel Neues und Schönes erlebt. Es gibt verschiedene Arten deine Eindrücke aufzuzeichnen. Die einfachste Technik ist das klassische Tagebuch, in dem du öfter einen Erlebnisbericht verfasst.

Alternativ kannst du ein Online-Reisetagebuch im Internet führen oder einen Blog schreiben. Auch soziale Netzwerke sind Möglichkeiten sich regelmässig mitzuteilen und Reiseberichte oder Fotos zu veröffentlichen.

Wenn du gerne Reiseberichte schreibst, warum nicht ein bisschen Taschengeld für die Reise damit verdienen? Bewirb dich z.B. bei TripsbyTips *(www.tripsbytips.de)* oder der online Weltreise Zeitung *(www.weltreise-zeitung.de)* und werde Reiseberichtsautor.

Es gibt bereits einige Menschen, die von ihrer Reise zurückgekehrt sind und sich entschlossen haben, ihr Tagebuch zu veröffentlichen. Wer weiss, vielleicht schreibst du unterwegs den nächsten Bestseller? Ein eigenes Buch zu veröffentlichen ist heute ohne große Kosten möglich (mehr Informationen dazu auf: *www.buchveroeffentlichen.com*). Falls du dir vor Abreise Anregungen holen möchtest oder gerne liest, was andere auf ihren Reisen erlebt haben, sind folgende Bücher empfehlenswert:

- *„Die Wette"* von Steve Hely und Vali Chandrasekaran
- *„Eat Pray Love"* von Elisabeth Gilbert
- *„Einmal um die ganze Welt"* von Colin Angus
- *„In 80 Tagen um die Welt"* von Helge Timmerberg
- *„Weltreisen – 365 Tage der Sonne hinterher"* von Falk Werner und Jennifer Fizia

Ein Blog ist eine schöne Möglichkeit, sich schnell und kostenlos eine eigene Webseite zu errichten. Deine Bekannten können dich abbonieren und erhalten jedes Mal automatisch eine E-Mail, wenn du einen neuen Reisebericht verfasst hast. Du kannst hier eine Online-Fotogallerie einrichten und dich sogar mit den sozialen Netzwerken verlinken, so dass auch hier alle deine Kontakte mit deinen News gefüttert werden.

Die bekanntesten Bloganbieter sind:

*www.wordpress.com*
*www.tumblr.com*
*www.blog.de* und *www.blogger.de*
*www.blogger.com* (wenn du bereits ein Google Konto besitzt)

Wer es noch einfacher mag, dem empfehle ich die speziellen Reisebloganbieter *www.travelpod.com* und *www.travelblog.org.*

## Fotosicherung

Zusätzlich zum Reisetagebuch wirst du deine Reise höchstwahrscheinlich mit tausenden von Fotos dokumentieren. Daher stellt sich die Frage, wie man diese unterwegs am besten sichert und archiviert.

Die einfachste und günstigste Methode ist es, die Fotos in einem Internetcafé oder Fotoshop auf DVD's zu brennen. Wenn du sie zweifach sicherst, kannst du eine Kopie nach Hause senden und eine zweite bei dir behalten. Doppelt hält besser. Es gibt auch mobile CD-Brenner zu kaufen, mit dem man die Fotos der Kamera innerhalb von zwei Minuten auf CD brennen kann.

Eine zweite Möglichkeit ist eine mobile kleine Festplatte, auf der du alle deine Daten sicherst oder sogar ein kleiner Laptop. Wenn solch ein Gerät unterwegs allerdings beschädigt wird oder verloren geht, riskierst du totalen Datenverlust.

Du kannst deine Fotos auch online speichern, entweder auf deinem Blog, einer Fotodatenbank (z.B. FlickR), via FTP auf deiner eigene Webseite oder bei einem Onlinespeicherdienst *(www.dropbox.com, www.adrive.com)*. Bedenke, dass das Hochladen von Fotos mit hoher Qualität eine Weile dauern kann.

## Verhalten auf Reisen und Kulturschock

Reisen in fremden Ländern erfordert ein hohes Maß an Verständnis für die fremde Kultur, respektvolles Verhalten gegenüber den Menschen und der Umwelt sowie eine große Portion Offenheit. Eine gute Reisevorbereitung trägt dazu bei, dies vor Ort umsetzen zu können. Reiseführer, Medien und das Auswärtige Amt stellen eine Vielzahl von Informationen über das zu bereisende Land zur Verfügung. Es ist verständlich, wenn du vor deiner Weltreise nicht tausend Reiseführer lesen möchtest, aber eine minimale Recherche zu Verhalten und Sicherheitsaspekten im jeweiligen Land ist ratsam.

Es gibt einige grundlegende Verhaltensregeln für bewusstes und verantwortungsvolles Reisen:

1. Versuche dich in der lokalen Sprache zu verständigen, denn dies erleichtert den Kontakt zu den Einheimischen. Es reicht, wenn du „Guten Tag" und „Auf Wiedersehen" sagen kannst sowie kleine Floskeln, um die Rechnung zu bestellen, ein Zimmer zu mieten oder etwas einzukaufen. Dies zeigt, dass du den Einheimischen mit Respekt begegnest und Interesse am Land und der Sprache hast.

2. Kleide dich angemessen. In einigen Ländern ist allzu freizügige Bekleidung nicht gern gesehen, vor allem an öffentlichen Stränden, beim Besuch von Museen, Tempeln oder in Restaurants.

3. Nimm dir Zeit für deine neue Umwelt. Nur wer intensiv und

langsam reist, wird sich der Schönheit der Natur erst richtig bewusst. In vielen Ländern herrscht ein anderer Lebensrythmus und man sollte lernen, sich bei vielen Situationen in Geduld zu üben.

4. Versuche dich im Feilschen. So zeigst du, dass du an sozialem Kontakt interessiert bist und die Kultur schätzt. Oft werden von Touristen doppelt so hohe Preise verlangt und durch Feilschen bewahrst du dich vor zu hohen Preisen.

5. Bitte um die Erlaubnis, wenn du Personen fotografieren möchtest. So nimmst du leicht Kontakt zu den Einheimischen auf und erfährst vielleicht interessante Geschichten. Zeig den Menschen das Foto, das du gemacht hast. Einige werden es als unangenehm empfinden, wenn du sie fotografieren möchtest und nein sagen. Respektiere dies!

6. In vielen ärmeren Ländern wirst du Bettlern und bettelnden Kindern begegnen. Es wird wahrscheinlich eine unangenehme und schockierende Erfahrung für dich sein, mit soviel Armut konfrontiert zu werden. Es zeigt dir, wie gut es dir eigentlich geht. Aber du wirst nicht jedem Geld geben können und sollst dies auch nicht tun (evtl. Naturalien). Mach dir bewusst, dass du durch deine täglichen Ausgaben und das Reisen in dem Land deinen Beitrag für eine wachsende Wirtschaft leistest. Der Tourismus ist in vielen Drittweltländern der wichtigste Wirtschaftszweig und indem du Geld ausgibst, lokale Lebensmittel isst und mit örtlichen Verkehrsmitteln unterwegs bist, hilfst du Wohlstand und Arbeitsplätze zu schaffen.

7. Nimm auf keinen Fall Drogen, denn auf Drogenbesitz stehen in vielen Ländern harte Strafen an. Wenn du in Thailand beim Marihuana rauchen erwischt wirst, erwartet dich eine lange Gefängnisstrafe bzw. im schlimmsten Fall sogar die Todesstrafe. Hanfprodukte, die in Europa geduldet werden, gelten in vielen asiatischen Ländern bereits als harte Droge.

8. Reise mit einem gesunden Umweltbewusstsein. Geh bewusst und sparsam mit Wasser um, denn in vielen tropischen Ländern leidet die Bevölkerung an Wasserknappheit. Hilf Abfälle zu vermeiden und Strom zu sparen. Kaufe keine illegalen Souvenirs, Korallen oder Muscheln.

9. Um möglichst sicher zu reisen, trage nie allzu viel Bargeld mit dir herum. Lass deine Wertsachen nie unbeaufsichtigt und trage deine Wertsachen nicht offen zur Schau. Kleide dich entsprechend!

10. Informiere dich über die politische und menschenrechtliche Situation im Land und geh Demonstrationen und großen Menschenansammlungen aus dem Weg.

An dieser Stelle nun noch einige spezifische Verhaltenstipps für einige Weltreiseregionen:

**Islamische Länder**

- Frauen sollten möglichst auf freizügige Kleidung verzichten.
- Von Touristinnen wird erwartet, dass sie außer dem Gesicht keine Haut zeigen.

- Für Männer sind kurze Hosen ein Tabu, denn diese gelten hier als Unterhosen.
- Man darf keine öffentlichen Gebäude und betende Menschen vor Moscheen fotografieren.
- Männer sollten den Blickkontakt zu islamischen Frauen meiden.
- Beim Betreten eines Privathauses muss man die Schuhe ausziehen.
- Du solltest auf jeden Fall nur mit der rechten Hand essen, da die linke Hand für den Toilettengebrauch ist.
- Im Fastenmonat Ramadan (neunte Monat im islamischen Mondkalender, ca. im September) wird auch von Reisenden erwartet, tagsüber nichts zu essen, zu trinken oder in der Öffentlichkeit zu rauchen.

**Südamerikanische Länder**

- In südamerikanischen Ländern wird sehr auf gepflegte Kleidung geachtet. Im Restaurant und in Kirchen sind kurze Hosen nicht angemessen. Knappe Bekleidung wird zwar toleriert, aber Nacktbaden an den Stränden Brasiliens oder Argentiniens ist nicht angebracht.
- Wer in Südamerika jemanden fotografieren möchte, sollte vorher um Erlaubnis bitten und einen kleinen Geldbetrag dafür geben.

**Nordamerika**

- Alkoholgenuss und Rauchen in der Öffentlichkeit ist mittlerweile in vielen Regionen verboten.

- Amerikaner gelten in der Regel als oberflächlich, aber das muss nicht immer sein. Wichtig ist, dass man offen und ohne Vorurteile auf die Bevölkerung zugeht.

**Australien und Neuseeland**

- Australier und Neuseeländer sind sehr offen und gastfreundlich. Wer bei Einheimischen zum Essen eingeladen wird, sollte dem Gastgeber ein kleines Geschenk mitbringen.
- Die Frage nach der Familie und Herkunft ist beim ersten Kontakt ein Tabu.
- Sei ebenfalls vorsichtig beim Verteilen von überschwänglichem Lob oder Kritik, dies kann oft gegensätzlich gedeutet werden.

**Asiatische Länder**

- In den meisten asiatischen Ländern wird oft gelächelt. Die Asiaten lächeln aus reiner Freundlichkeit, in Streit- und Konfliktsituationen, aus Peinlichkeit, bei der Bitte um einen Gefallen, bei einer Absage und aus Freude. Das Lächeln hat dort viele Bedeutungen. Wichtig zu wissen ist, dass ein Lächeln dich immer weiterbringen wird, egal in welcher Situation.
- In Asien leben die Menschen noch streng religiös, freizügige Kleidung ist daher außerhalb der Strände nicht angebracht.
- Beim Betreten von Tempeln sind die Schuhe auszuziehen, sowie Schulter und Knie bedeckt zu halten.
- Versuche den Blickkontakt zu Mönchen, wenn möglich zu vermeiden.

- Jemanden am Kopf zu berühren, ist nicht erlaubt.
- Zur Begrüßung ist Körperkontakt (Hände schütteln, Küsschen) absolut tabu.
- Es sollte vermieden werden, Gefühle in der Öffentlichkeit zu zeigen (z.B. küssen, Hände halten, Streit oder Gefühlsausbrüche).
- Wer zum Essen eingeladen wird, sollte ein kleines Geschenk mitbringen, die Schuhe vor der Tür ausziehen und den Teller nicht leer essen (bedeutet, dass man noch hungrig ist).

**Afrika**

- In afrikanischen Ländern wird von den Behörden auf die erhöhte Sicherheitsgefährdung hingewiesen. Hungersnot, soziale Unterschiede, Diktaturen und verschiedene Glaubensrichtungen führen oft zu gewalttätigen Konflikten in vielen Ländern Afrikas. Von daher sollte man immer sehr sicherheitsbewusst reisen und nicht unbedingt alleine unterwegs sein. Halte auf keinen Fall bei einer Straßensperre an (bzw. kehre im Zweifelsfall um), dies könnte eine Falle sein.
- Da in Afrika viele arme Menschen nicht mit Geld umgehen können, sollte man mit der Höhe des Trinkgeldes sehr vorsichtig sein oder es nur geben, wenn es wirklich angebracht ist.
- Bei der Begrüßung sollte Augenkontakt vermieden werden und man sollte niemanden mit dem Zeigefinger heranwinken.
- Für Frauen sind einige Speisen tabu. Auch hier gilt, nicht mit der linken Hand essen und kein Essen ablehnen.

So hat jede Kultur ihre Eigenheiten und es mag schwierig sein, sich selbst für kurze Zeit damit auseinanderzusetzen. Wer sich nicht auf andere Umstände einlassen und anpassen kann, gilt als kulturschockgefährdet. Besonders andersartige Kulturen, wie Asien oder Afrika können einen Kulturschock auslösen.

Als *Kulturschock* werden die Gefühle und Ängste bezeichnet, die man beim Zusammentreffen mit einer fremden Kultur erfahren kann. Man fühlt sich fehl am Platz, bekommt starkes Heimweh und reagiert mit Unverständnis, Zorn und Frustration auf alltägliche Situationen.

Ein Kulturschock kann kürzer oder länger dauern, je nachdem, wie man damit umgeht. Wichtig ist es, Geduld und Verständnis für die fremde Kultur aufzubringen. Schreibe deine Erlebnisse eventuell auf oder sprich mit jemand darüber, vielleicht hilft es dir weiter. Versuche die Erfahrungen positiv zu bewerten und probiere neue Dinge einfach aus. Vieles wird auch einfacher, wenn du dich mit der Sprache auseinandersetzt.

## Sprachen lernen während der Reise

Während einer Weltreise ein Land richtig kennenzulernen, nicht nur alle Sehenswürdigkeiten abzuklappern und sich von einem „normalen" Touristen zu unterscheiden ist nur möglich, wenn man länger vor Ort bleibt und mit Einheimischen in Kontakt kommt. Dies klappt am besten, wenn man die Sprache des Landes kennt und sich verständigen kann oder vor Ort arbeitet.

Die häufigsten Sprachen, die auf einer Weltreise gelernt werden, sind Spanisch und Englisch. Aber vielleicht hast du auch Lust Chinesisch oder Russisch zu lernen? Ein Sprachkurs vor Ort ermöglicht dir, einen direkten Bezug zum Lernstoff bei der Anwendung in alltäglichen Situationen und du lernst die Sprache viel schneller und einfacher als zu Hause. Die Unterbringung während eines Sprachkurses erfolgt normalerweise bei einer Gastfamilie oder im Studentenwohnheim, so dass du auch schnell Kontakt zur Bevölkerung herstellen kannst. Einen längeren Sprachkurs buchst du in der Regel bereits vor Abreise bei einem Sprachreiseveranstalter. Es ist jedoch auch möglich vor Ort ganz spontan bei einer lokalen Sprachschule vorbeizuschauen, dich einzuschreiben und sogar Privatunterricht zu nehmen.

Achte darauf am Ende des Kurses ein Diplom oder Zertifikat zu bekommen, welches du als Nachweis benutzen kannst, um zukünftige Arbeitgeber zu überzeugen. Auslandserfahrung, Sprachkenntnisse und interkulturelle Kompetenz können für dich wichtige Meilensteine auf deinem weiteren Lebensweg sein.

In manchen Ländern existieren ganz neue Konzepte. Bei dem Programm *„Travel in Classroom"* reist du mit einer privaten Reisebegleitung durchs Land (teilweise alleine oder in einer ganz kleinen Gruppe). Du hast vier Stunden Unterricht über den Tag verteilt und in der üblichen Zeit unternehmt ihr Wanderungen, Ausflüge oder kulturelle Erkundungen. Diese Programme sind in den südamerikanischen Ländern wirklich nicht teuer und eine interessante Alternative, wenn du Reisen und Sprachen lernen verbinden möchtest.

Viele Weltreisende machen auch vor Reiseantritt bereits einen Sprachkurs, um sich unterwegs in verschiedenen Sprachen verständigen zu können. Mit dem Hintergrund einer Weltreise macht so ein Sprachkurs zu Hause auch viel mehr Spass.

Auf der folgenden Seite sind einige bekannte Sprachreiseveranstalter in Deutschland, Schweiz und Österreich aufgeführt.

| Sprachreiseveranstalter in Deutschland | |
|---|---|
| EF Sprachreisen | *www.ef.de* |
| IST Sprachreisen | *www.sprachreisen.de* |
| LAL Sprachreisen | *www.lal.de* |
| GLS Sprachreisen | *www.gls-sprachzentrum.de* |
| Sprachcaffe International | *www.sprachcaffe.de* |
| Carpe Diem Sprachreisen | *www.carpe.de* |
| Verband dts. Sprachreiseveranstalter | *www.fdsv.de* |
| **Sprachreiseveranstalter in der Schweiz** | |
| Globostudy Sprachreisen | *www.globostudy.ch* |
| Boa Lingua | *www.boalingua.ch* |
| ESL Sprachreisen | *www.esl.ch* |
| Pro Linguis | *www.prolinguis.ch* |
| EF Sprachreisen | *www.ef-swiss.ch* |
| IST Sprachreisen | *www.ist-sprachreisen.ch* |
| Sprachen | *www.sprachen.ch* |
| Sprachreisezentrale | *www.srz.ch* |
| Inlingua Sprachschule | *www.inlingua.ch* |
| **Sprachreiseveranstalter in Österreich** | |
| EF Sprachreisen | *www.ef.co.at* |
| SFA Sprachreisen | *www.sfa-sprachreisen.at* |
| Carpe Diem Sprachreisen | *www.carpe.at* |
| IST Sprachreisen | *www.ist-sprachreisen.at* |
| EFA Sprachreisen | *www.efa.at* |
| Lateinamerika Institut | *www.lai.at* |

## Arbeiten im Ausland

Arbeitserfahrung im Ausland ist heutzutage nicht mehr wegzudenken im Hinblick auf die Internationalisierung des Arbeitsmarktes. Während deiner Weltreise zu arbeiten, hilft nicht nur deiner Reisekasse, sondern bringt dich auch persönlich weiter. Vor allem bekommst du so die Gelegenheit, wertvolle Beziehungen zu Einheimischen aufzubauen und lernst auf diese Weise die Kultur und die Arbeitsgewohnheiten des Landes kennen.

Jede Kultur weist andere arbeitsspezifische Eigenheiten auf und es ist sehr interessant zu sehen, wie die Mitarbeiter anderswo motiviert und geführt werden. Zum Beispiel wird in Neuseeland sehr viel auf gegenseitige Anerkennung der Leistungen geachtet, denn viel Lob motiviert. Wenn du also später die Möglichkeit hast, eine Führungsposition zu übernehmen, kannst du dir solche Kenntnisse zu nutzen machen.

Wenn du eine Weile in Südamerika oder z.B. Südostasien gearbeitet hast, wirst du die europäische, pflichtbewusste und korrekte Arbeitsweise schätzen lernen, denn Arbeit in diesen Ländern erfordert viel Geduld und Rücksichtsnahme auf die Einstellung zur Arbeit. In Thailand kommt es oft vor, dass ein Mitarbeiter nicht zur Arbeit erscheint, weil er einfach keine Lust hat. Selbst Fehler kann man einem Thailänder nicht vorhalten, da er mit Kritik anders umgeht. Sich mit den unterschiedlichsten Situationen im internationalen Arbeitsalltag auseinandersetzen zu können, nennt man interkulturelle Kompetenz.

Es gibt die unterschiedlichsten Möglichkeiten während deiner Weltreise zu arbeiten. Du kannst ein Working Holiday Visum beantragen und z.B. bis zu 12 Monate in Australien leben und arbeiten. Dies beinhaltet nicht nur typische Ernte- und Farmarbeit (auch *Fruitpicking* genannt), sondern auch kaufmännische Jobs. In Neuseeland darf man zum Beispiel mit diesem Visum 12 Monate beim gleichen Arbeitgeber arbeiten und hat so natürlich bessere Chancen auf einen gut bezahlten Job als jemand, der nur etwas für ein oder zwei Monate sucht. Für kurzes Jobben bieten sich Stellen in der Touristik, Gastronomie und Landwirtschaft an. Weitere Möglichkeiten sind Freiwilligenarbeit in Entwicklungsländern oder Arbeiten für Kost und Logis.

Wenn du deine Reise über Arbeit unterwegs finanzieren möchtest, bieten sich nur die Industrienationen an, da die Verdienstmöglichkeiten in den Entwicklungsländern nicht sehr hoch sind.

Die Möglichkeit eines Working Holiday Aufenthaltes gibt es bisher leider nur für Deutsche. Schweizer und Österreicher haben hier das Nachsehen, da diese Länder keine bilateralen Abkommen für Arbeits-Austauchprogramme haben.

Für Österreicher gilt die Ausnahme für Kanada. Es handelt sich um ein „Student Work Abroad Programm", kurz SWAP genannt *(www.kanada.at)*. Um daran teilnehmen zu können, muss man Student im Alter von 18–30 Jahren sein.

Mit folgenden Ländern hat Deutschland ein Abkommen für Working Holiday Visa:

- Australien
- Neuseeland
- Kanada
- Japan, Hong Kong, Südkorea, Singapore
- USA (J1 Visum)

| Land: | Australien | Neuseeland | Kanada |
|---|---|---|---|
| Alter | 18–30 Jahre | | 18–35 Jahre |
| Gültigkeit | 12 Monate | | |
| Verlängerung | 12 Monate, (mindestens 3 Monate Farmarbeit) | 3 Monate | 12 Monate (wenn Teilnahme an anderem Programm) |
| Finanzielle Mittel | ca. 3.000 € | 2.100 € | 2.500 € |
| Studieren vor Ort | max. 4 Monate | max. 3 Monate | max. 6 Monate |
| Bedingungen | Krankenversicherung, gültiger Reisepass, Rückflugticket | Krankenversicherung, evtl. Tuberkulosetest, gültiger Reisepass, Rückflugticket | Krankenversicherung, Haftpflichtversicherung, polizeiliches Führungszeugnis, gültiger Reisepass, Rückflugticket |
| gleicher Arbeitgeber | max. 6 Monate | max. 12 Monate | |
| Einreise | mehrmals möglich | | |
| Anmeldung | *www.immi.gov.au* | *www.immigration.govt.nz* | *www.canadainternational.gc.ca* |
| Art der Anmeldung | Online Antrag mit Kreditkarte möglich | | Antrag frühzeitig schriftlich bei der Botschaft einreichen, da nur begrenztes Kontingent |

| Land: | Japan | Hong Kong | Singapore |
|---|---|---|---|
| Alter | 18–25 Jahre | 18–30 Jahre | 17–30 Jahre |
| Gültigkeit | 12 Monate | | 6 Monate |
| Verlängerung | nein | | ja, nach Wartezeit von 12 Monaten |
| Finanzielle Mittel | ca. 2.000 € | | für Aufenthalt vor Ort |
| Studieren vor Ort | nein | max. 6 Monate | nein |
| Bedingungen | japanische Sprachkentnisse, Krankenversicherung gültiger Reisepass, englischer Motivationsbrief, Rückflugticket | gültiger Reisepass, Wohnsitz in D, Rückflugticket Auslandskrankenversicherung | Absolvent oder Student einer deutschen Hochschule, Rückflugticket, gültiger Reisepass |
| gleicher Arbeitgeber | max. 12 Monate | max. 3 Monate | |
| Einreise | mehrmals möglich | | |
| Anmeldung | *www.de.emb-japan.go.jp* | *www.china-botschaft.de* | *www.mom.gov.sg* |
| Art der Anmeldung | persönlich bei der japanischen Botschaft | persönlich, begrenztes Kontingent | Antragsformular herunterladen, begrenztes Kontingent |

Alle Angaben ohne Gewähr. (Stand 2012)

Das Working Holiday Visum für die USA ist eigentlich kein richtiges Working Holiday Visa, aber mit dem *J-1 Visum* kann man 4 Monate in den USA arbeiten (gilt auch für Schweizer und Österreicher) und 12 Monate lang reisen. Hauptsächlich werden Arbeitskräfte während der Sommermonate in Gastronomie, Hotelgewerbe und in Freizeitparks gesucht.

Der Unterschied zu einem Work und Travel Visum besteht darin, dass du dir vor Ankunft in den USA einen Job suchen musst und die Arbeitsbestätigung mit dem Visaantrag bei der Botschaft einreichst. Weiterhin ist es erforderlich, die nötigen finanzielle Mittel für die Dauer des Aufenthaltes nachzuweisen. Es ist durchaus empfehlenswert die Unterstützung einer Work&Travel-Organisation in Anspruch zu nehmen, die bei der Beantragung des J-1 Visums hilft und dir einen Job vermittelt. Wenn du dies allein organisierst, ist es etwas schwieriger einen Job zu finden.

Internetadressen für Sommerjobs in den USA:

*www.summerjobs.com*
*www.nationalparkjobs.de*
*www.coolworks.com*
*www.greatcampjobs.com*
*www.campleaders.com*

Arbeit im Austausch für Kost und Logis kann dir helfen, deine Reiseausgaben unterwegs gering zu halten. Nebenbei ist es sicherlich interessant, z.B. das typische Leben auf einer Farm kennenzulernen. *WWOOF* ist eine internationale Organisation, die sich auf diese Art der Arbeit spezialisiert hat. Ursprünglich in Grossbritannien in den 70er Jahren gegründet, gibt es WWOOF

Mitglieder mittlerweile weltweit. Generell kann man mindestens zwei Tage oder länger (bis zu mehreren Monaten) in einem landwirtschaftlichen Betrieb für Kost und Unterkunft mithelfen. Registriere dich bei der WWOOF *(www.wwoof.org)* in deinem Land (geringe Gebühr) und lass dir das Mitgliederverzeichnis zusenden.

Wenn du möchtest, kannst du schon vorab mit einem Betrieb Kontakt aufnehmen und deinen Aufenthalt planen. Vielleicht hast du Lust für zwei Monate auf einer kanadischen Pferderanch zu arbeiten? Die Besitzer freuen sich über die kostenlose Hilfe.

Vielleicht ist es dir auch ein Anliegen, deine Zeit im Ausland sinnvoll zu nutzen und dich z.B. sozial mit Freiwilligenarbeit zu engagieren. Die Vielfalt gemeinnütziger Projekte reicht von Umweltschutz, Tierschutz, Kinderbetreuung bis zu Sozialarbeit mit kranken Menschen. Größtenteils findet man Freiwilligenarbeit in Drittweltländern, fernab vom Massentourismus, aber nicht nur – je nachdem, was du machen möchtest, findet sich überall auf der Welt ein gemeinnütziges Projekt. .

Die meisten Organisationen, die dir Projekte vermitteln können, verlangen für die Vermittlung sowie Unterkunft und Verpflegung vor Ort ein Entgelt. STA Travel bietet in Deutschland, Österreich und der Schweiz eine breite Palette an Freiwilligenprojekten in sozialen und kulturellen Bereichen an.

Anlaufpunkte und Organisation, die dir helfen, im Ausland Arbeit zu finden:

*www.auslandsjob.de*
*www.farmarbeit.de*

*www.freiwilligenarbeit.de*
*www.travel-und-work.de*
*www.workingabroad.com*
*http://jobs.goabroad.com*
*www.travelworks.de / .at*
*www.entwicklungsdienst.de*
*www.gapwork.com*
*www.realgap.de*
*www.world-of-xchange.com*
*www.stepin.de*
*www.rausvonzuhaus.de*
*www.projects-abroad.de*
*www.farmstays.org*
*www.goabroad.com*
*www.workandvolunteer.com*

## Unterkunftsmöglichkeiten unterwegs

Weltreisen und Hostels gehören irgendwie zusammen. Hier findest du immer ein Bett für wenig Geld und viele gleichgesinnte Reisende. Oft schläfst du in Mehrbettzimmern, aber es gibt auch private Zimmer und mit Glück hast du in einigen Ländern sogar das Hostel fast für dich alleine (z.B. an abgelegenen Orten in Neuseeland). Jedes Hostel besitzt eine Gemeinschaftsküche, wo du dein Essen kochen kannst oder dich mit anderen Reisenden zum Kochen zusammenschließt.

Eine Vorausbuchung ist in der Regel nicht notwendig, ein Bett findet sich immer irgendwo, solange es nicht das einzige Hostel in der Gegend ist. Eine Übersicht der Hostels findest du in deinem Reiseführer (Lonely Planet, Footprint) oder im Internet.

Günstige Unterkünfte und Hostels im Internet buchen:

*www.hostels.com*
*www.hostelworld.com*
*www.hostelz.com*
*www.hostelbookers.com*
*www.hihostels.com*
*www.ymca.int*
*www.nomadsworld.com* (Australien, Neuseeland, Fiji)
*www.stayatbase.com* (Australien, Neuseeland)
*www.statravel.de*

Dank der Idee eines weltenbummelnden Studenten ist es möglich geworden, auch gratis bei Einheimischen zu übernachten. Die bekannteste Reiseorganisation im deutschsprachigen Raum, die das sogenannte *Couch Surfing* anbietet, ist der Hospitality Club.

Ziel dieser Organisation ist es, Menschen unterschiedlichster Herkunft, Religion und Kultur zusammenzubringen und das Verständnis füreinander zu fördern. Wenn du Mitglied bei solch einer Organisation wirst, sei offen für deine Gastgeber und interessiere dich für Land und Kultur. Es wäre schade, wenn diese Idee „nur" als kostenlose Unterkunftsmöglichkeit missbraucht würde.

Als Mitglied erklärst du dich bereit, Reisende bei dir schlafen zu lassen und ihnen evtl. die Gegend zu zeigen. Wenn du selbst auf Reisen gehst, steht dir die Haustür von Mitgliedern weltweit offen. Es macht also Sinn, sich bereits jetzt als Mitglied anzumelden. Mittlerweile gibt es mehrere Organisation, die Couchsurfing anbieten.

Couchsurfing:

*www.hospitalityclub.org*
*www.couchsurfing.org*
*www.bewelcome.org*
*www.haustausch.de*
*www.wimdu.de*
*www.belodged.com*

# Die Rückkehr

Erst aus der Distanz betrachtet
werden Reisen restlos schön,
erst im Rückblick verdichtet sich
der Reiseeindruck völlig zum Bild.

*Hermann Schlösser*

Es ist vielleicht etwas komisch, bereits vor der Reise von deiner Rückkehr zu sprechen, aber dieses Kapitel möchte eine kleine Vorwarnung aussprechen. Nach Hause zurückzukehren ist nicht immer einfach. In deinen letzten Tagen auf Reisen werden deine Gedanken dir vorauseilen und sich mit dem beschäftigen, was dich zu Hause erwartet. Vielleicht freust du dich auf dein eigenes Bett (sofern noch eines auf dich wartet), nach Ruhe und auf deine Familie und Freunde. Möglicherweise ist dir auch etwas mulmig zu Mute, weil dich eine ungewisse Zukunft oder eine unbefriedigende Lebenssituation erwartet.

Mein erster Rat an dieser Stelle: plane noch einen kleinen Strandurlaub ein, bevor du den letzten Flug antrittst. Hier hättest du Zeit, bereits etwas zur Ruhe zu kommen und dich innerlich auf deine Rückkehr vorzubereiten. Wenn du dein Reiseabenteuer bis zur letzten Minute auskostests, so nimm dir zu

Hause ein bis zwei Wochen Zeit zur Akklimatisierung. Triff dich mit Freunden und deiner Familie, schwelge noch ein bisschen in deinen Erinnerungen, sortiere deine besten Reisefotos und schlaf dich mal wieder richtig aus.

Wenn die Aufregung über deine Rückkehr nachlässt, wird sich eventuell ein Gefühl der Orientierungslosigkeit einstellen. Du merkst, dass deine Freunde ihr Leben weitergelebt haben, vielleicht in der Zwischenzeit geheiratet haben, ein Baby bekommen haben, die Karriereleiter emporgeklettert sind usw..

Du hast dich auch verändert. Deine Prioritäten und Sichtweisen sind nun anders, du bist vielleicht ein anderer Mensch geworden. Du merkst das – deine Freunde und Familie sehen dich aber immer noch mit den gleichen Augen wie vor der Reise. Die Welt zu Hause mag dir kleinkariert und unwirklich vorkommen. Die Gefühle, die man an dieser Stelle durchmacht – von Einsamkeit, Unverständnis und Depression bis zum erneuten Fernweh – sind auch eine Art Kulturschock. Wenn du dir dessen bewusst wirst, was dich erwartet und wie du dem vorbeugen kannst, so macht es die Rückkehr in die „Realität" etwas einfacher.

Gib dir etwas Zeit, es kann teilweise Monate dauern, bis du wirklich wieder angekommen bist in deiner neuen alten Welt. Jeder Weltreisende verarbeitet seine Reise natürlich unterschiedlich, und vielleicht weißt du auch schon ein passendes Gegenmittel für den Rückkehr-Blues.

Mein zweiter Tipp: versuche nicht völlig pleite zurückzukehren. Ein bißchen Geld auf der Seite wird dir den Einstieg definitiv erleichtern. Wenn du dich auf die Jobsuche begeben musst, gibt es dir ein bißchen Luft, so dass du nicht gleich das erstbeste Angebot annehmen musst. Eventuell möchtest du auch deinen Berufsweg überdenken oder dich selbstständig machen.

Mein dritter Tipp: Überlege dir schonmal eine gute Antwort auf die Frage „Und, wie war deine Reise?". Eine, die nicht nur aus den Wörtern „toll, fantastisch, super, einmalig ..." besteht. Was antwortet man auf so eine Frage? Es ist quasi das gleiche, wie wenn man „Gut" auf die „Wie gehts"-Floskel antwortet. Und für die Daheimgebliebenen ist es mehr oder weniger eine „Wie gehts-Floskel". Nach dem zehnten Mal ist es frustierend und zwar für dich. Du hast zigtausend Reiseerlebnisse zu verarbeiten, wie soll man die in einem Satz beantworten? Vielleicht kannst du in der Antwort bereits ankündigen, dass du eine kleine Fotoshow machst und wer Interesse hat, ist herzlich eingeladen.

Wenn du deinen Freundeskreis von unterwegs regelmässig mit deinen Reiseberichten gefüttert hast, erübrigt sich die Frage vielleicht auch, denn die Daheimgebliebenen wissen ja bereits, dass du eine fantastische Zeit hattest.

Wenn dich der Rückkehr-Blues richtig schlimm erwischt, sei aktiv! Unternimm so viel wie möglich und lenk dich ab! Möglich ist auch ein kleiner Europa-Städtetrip, um das Reisefeeling wieder zum Leben zu erwecken. Oder geh doch einmal zu internationalen Meetups in deiner Stadt (z.B. *www.meetup.com*), hier findest du viele Reisende, die gerade in deiner Stadt gestrandet sind für kurz oder sogar länger. Man trifft sich zu gemeinsamen Unternehmungen, spricht meistens Englisch und du erhälst so die Chance, anderen Nationalitäten deine eigene Kultur etwas näher zu bringen.

Ich kenne einige, die bereits ihre zweite Weltreise unternommen haben oder sich als Lebensziel eine weitere Weltreise gesetzt haben. Dies zeigt, dass sich immer ein kleiner Teil von dir nach dem erneuten Abenteuer sehen wird. Meist resultiert dies aus dem Drang nach Freiheit und nach Selbstbestimmung, wie man sie auf der Weltreise ausleben durfte. Wir wissen alle, wie frustrierend manchmal der Alltag sein kann. Wenn du merkst, dass dich dein Alltag nicht glücklich macht, ist der Zeitpunkt nach einer Weltreise sicher der beste Zeitpunkt, etwas zu verändern. Verändere dein Leben und gestalte es so, dass es dich glücklich macht und zu dir passt. Du bist einmal um die Welt gereist und hast unzählige Abenteuer erlebt. Sei mutig und mach dein Leben nun zum Abenteuer!

# Erlebnisberichte von Weltreisenden

Alle Reisen haben eine heimliche Bestimmung, die der Reisende nicht ahnt.

*Hermann Schlösser*

**Kristina erzählt ...**

Nach vier Jahren Arbeiten und Studieren in der Schweiz beschloss ich meine Sachen zu packen und mich ans andere Ende der Welt zu begeben. Ich hatte mich schon immer für Neuseeland interessiert und das Work & Holiday Angebot dieses kleinen Inselstaates bot die perfekte Gelegenheit, meinem Leben in der Schweiz den Rücken zu kehren und etwas Neues auszuprobieren.

Nach nur wenigen Monaten Vorbereitung kam ich im September in Auckland an – ohne eine genaue Vorstellung, wie es weitergehen sollte. Doch schon bald fand ich einen Job in einem kleinen Backpackerhostel in der Nähe vom Stadtzentrum und verbrachte die nächsten 4 Monate damit, stundenlang mit Gästen zu reden, über Gott und die Welt zu diskutieren, internationale Kartenspiele zu lernen und nebenbei das Hostel zu managen.

Aber schon bald reichte es mir nicht mehr, mit anderen über ihre Erlebnisse zu reden, ich wollte es selbst erleben. Das Reisefieber hatte mich gepackt. Zusammen mit einer Freundin, die ich in Auckland kennengelernt hatte, kaufte ich einen alten Campervan und machte mich auf, dieses wunderbare Land auf eigene Faust zu erkunden.

In zweieinhalb Monaten sind wir insgesamt über 10.000 km gefahren. Was eine ziemliche Leistung ist, bedenkt man, wie klein Neuseeland eigentlich ist. Einsame Strände, verzauberte Farnwälder, friedliche grüne Hügel, dramatische Gebirge, kristallklare Bergseen und verschlafene Städte sind nur einige der Attraktionen im Lande der Kiwis. Ich habe jede Minute dieser Reisezeit genossen und denke noch oft daran zurück. Aber leider kostet Reisen Geld und viel zu schnell war es wieder Zeit, einen Job zu suchen. Da meine Freundin von Auckland gen Heimat flog, endete ich wieder in der inoffiziellen Hauptstadt und fand wiederum schnell eine neue Anstellung. Diesmal bei einem Campervan-Verleih. Die nächsten vier Monate waren weniger spannend, aber ermöglichten es mir, genügend Geld für meine nächste Reiseetappe zu sparen: Australien.

Fast auf den Tag genau ein Jahr nach meiner Ankunft in Neuseeland machte ich mich auf den Weg nach Down Under. Mein ursprünglicher Plan war, nur ein paar Wochen entlang der australischen Ostküste zu reisen und mir dann einen Job in Melbourne zu suchen.

Inzwischen habe ich es zwar in diese überraschend europäische Metropole geschafft, aber nur als Durchreisende und über ein halbes Jahr später als geplant. Denn auf meiner Reise gen Süden blieb ich in Airlie Beach hängen, Touristenhochburg in Queensland und Tor zum Great Barrier Reef und den traumhaften Whitsunday Inseln. Der Grund – wie sollte es auch anders sein – ist die Liebe. Völlig unerwartet traf mich Amors Pfeil. Für die nächsten sechs Monate arbeitete ich zusammen mit meinem Freund auf einem der zahlreichen Segelboote, die 3-Tages-Trips rund um die Inseln anbieten. Danach packte mich zwar wieder das Reisefieber, aber diesmal nur für kurze Zeit.

Innerhalb von sechs Wochen besuchte ich halb Australien – weiter hinunter die Ostküste bis nach Sydney, ins Landesinnere nach Alice Springs inklusive einer Tour zum berühmten Ayers Rock, wieder gen Süden nach Adelaide und von dort aus die Great Ocean Road entlang nach Melbourne. Danach war die Sehnsucht nach meinem Freund einfach zu groß. Inzwischen bin ich wieder zurück in Airlie Beach und plane meine Auswanderung. Wenn mir das jemand vor einem Jahr gesagt hätte, ich hätte ihm kein einziges Wort geglaubt. Daher mein neues Lebensmotto:

„Live is what happens to you, when you are busy making other plans"

*John Lennon*

Kristina

*Anmerkung der Redaktion:*
Kristina ist nicht mehr nach Deutschland zurückgekehrt. Sie ist mittlerweile verheiratet und lebt glücklich mit ihrem Mann in Airlie Beach, Australien.

**Patrick und Teresa erzählen ...**

Nach vielen Nächten Träumereien und Diskussionen, ob wir unsere Zelte für eine kleine Weile abbrechen sollen oder nicht, entschieden wir uns letztendlich für eine 3-monatige Auszeit. Ziel der Reise sollte Südamerika werden.

Sobald der Entschluss gefasst war, begannen wir die Fragen zur Finanzierung und alle anderen Formalitäten zur Reisevorbereitung abzuklären. Wir hatten bereits seit anderthalb Jahren immer konstant Geld zur Seite gelegt für diese Reise. So richtig ernst wurde die Sache aber nun erst, als wir zusammen losgingen, um das Ticket zu kaufen.

Die Reiseroute hatten wir uns bereits überlegt, allerdings nicht so im Detail, wie uns dann im Reisebüro bewusst wurde. Dank der kompetenten Reiseberaterin, die uns ausführlich über die Vor- und Nachteile der verschiedenen Routen und Fluggesellschaften aufklärte, hielten wir dann nach einiger Zeit das Flugticket in den Händen. Nun kamen die ersten Glücksgefühle „YES – we can do it". Die Tage bis zur Abreise wurden gezählt und an einem schönen Tag im Juli war es dann endlich so weit.

Ich begab mich zuerst alleine auf die Reise, da meine Freundin nicht solange vom Job freigestellt wurde. Mich erwarteten zwei Wochen Costa Rica, die ich mit einem Surf- und Spanischsprachkurs füllte. Mein Wahl fiel auf Tamarindo – ein sehr beliebter Surferort mit guten Einsteigerwellen. Der Spanischkurs sollte die Abwechslung bringen und mich vorbereiten auf die Verständigung während unserer weiteren Reise. Als Einstieg für eine Südamerikarundreise kann ich Costa Rica jedem weiterempfehlen. Es ist ein bereits gut entwickeltes Land, sehr pazifistisch geprägt und ohne große Gefahr für einen Kulturschock. Costa Rica's schönste Sehenswürdigkeiten sind der üppige Regenwald, die aktiven Vulkane und die herrlichen Strände am Pazifik und der Karibikküste. Ein Highlight ist der Ort Tortuguero, an dem man nachts den Meeresschildkröten beim Eier legen zuschauen kann. Erreichbar ist der Ort nur per Boot oder mit dem Flugzeug *(www.natureair.com)*.

Nach den zwei Wochen „Urlaub" sollte die Reise dann weiter zusammen mit meiner Freundin nach Peru gehen. Kurz vor Abflug hörten wir von einem Erdbeben, das die Region erschütterte. Nach mehreren Telefonaten mit der deutschen Botschaft entschieden wir uns trotzdem nach Peru zu fliegen. Dort angekommen, merkte man fast nichts von der angeblich so großen Katastrophe. Aufatmen unsererseits – die Botschaft hatte Recht, von den Medien wurde alles viel schlimmer dargestellt, als es eigentlich ist und unnötig Panik verbreitet.

In Lima erwartete uns viel Smog und Armut. Das südamerikanische Großstadtflair kommt eher vom kühlen Charme der Kolonialbauten und den interessanten Menschen. Nach kurzem Aufenthalt bei 10 °C und Regen ging es weiter nach Cusco, weltbekannt für das naheliegende Weltwunder „Machu Picchu – die verborgene Inkastadt". Cusco selbst ist auch sehr sehenswert. Eine attraktive Stadt auf 3.500 m, wo man viel Coca Tee trinken sollte, um sich gegen die Höhenkrankheit zu wappnen.

Machu Picchu ist ohne Worte eines der Höhepunkte unserer Reise gewesen. An diesem geschichtsträchtigen und mysteriösen Ort waren wir nicht allein, sondern plötzlich von Unmengen Touristen umgeben, die ebenfalls dieses Wunder erleben wollten. Nach dem ungefährlichen Abstieg mit dem Bus, ging es mir dann immer schlechter. Grund dafür war eine Lebensmittelvergiftung. Mein Rat an dieser Stelle: unterwegs alle ungegarten

Speisen meiden, denn die medizinische Versorgung in Südamerika ist nicht die allerbeste. Nach Besserung meines Zustandes machten wir uns auf zum Titikakasee. Dies ist der höchstgelegenste See Südamerikas – Faszination Pur.

Anschließend ging es weiter mit dem Bus nach Bolivien. Die Anden und die Hauptstadt La Paz hinterließen bei uns starke Eindrücke. Von La Paz flogen wir nach Cordoba, Argentinien, wo wir Bekannte besuchten. Die Stadt ähnelt sehr dem italienischen bzw. spanischem Europa, so dass wir uns hier fast heimisch fühlten. Nach lustigen durchtanzten Nächten fuhren wir mit dem Bus nach Buenos Aires und freuten uns auf das berühmte argentinische Rindfleisch sowie ausführliches Shopping. Die drei Monate waren nun fast vorbei und ich fragte mich ernsthaft, wo die Zeit hin ist. Gerne hätten wir die Reise verlängert, doch die Arbeit wartete bereits wieder auf uns.

Der glänzende Abschluss unserer Reise war New York, the big Apple. Zwei Tage waren hier eindeutig zu wenig, da New York eine pulsierende Metropole ist, die uns sehr faszinierte. Wieder daheim hatten wir wirklich Mühe, all das in so kurzer Zeit Erlebte zu verarbeiten. Die Fotos und unsere aufgeschriebenen Erinnerungen sind deshalb der schönste Teil der Nachbereitung unsere Südamerika Reise. Der Fernweh Virus war erst einmal besiegt, dachten wir zumindest ...

Patrick & Teresa

PS: Eine Idee ist nur etwas wert, wenn man diese auch umsetzt!

**Raphael erzählt ...**

Nach knapp 10 Jahren Berufstätigkeit hatte ich das Gefühl etwas im Leben zu verpassen. Ich beschloss mir meinen langersehnten Traum einer Weltreise zu erfüllen. Lange hatte ich mich darauf gefreut und im Februar war es dann endlich soweit.

Meine Reise begann mit einem 4-wöchigen Sprachkurs in Perth, Australien. Ich hatte das Vergnügen eine nette australische Familie kennenzulernen, bei denen ich sehr gastfreundschaftlich aufgenommen wurde und somit schnell Anschluss fand. Auch in der Sprachschule schloß ich umgehend neue Bekanntschaften.

So ging es dann auch geradewegs im Anschluss mit zwei neuen Freunden auf eine erste Tour durch das abenteuerliche Australien. In Perth hatte ich einen Landcruiser gekauft, der mir in den darauffolgenden sechs Monaten ein treuer Begleiter wurde. Das Leben war so frei und die Abenteuer unendlich.

Ich lernte beispielsweise an der Westküste surfen, sah Haifische beim Tauchen an der Ostkküste, ritt einsame endlose Strände entlang und bewunderte während des Segeltörns durch die Whitsundays einen unglaublichen Sternenhimmel.

Die Fahrt in meinem Landcruiser auf endlosen Strassen durch das Outback, vorbei an riesigen Farmen, die täglichen Begegnungen mit Kangurus und das wilde Camping im Niemandsland waren einmalig. Unterwegs habe ich auf meiner Reise vom äussersten Westen Australiens, durch das Outback, die nördlichen einsamen Küstenstreifen entlang bis hin zur tropischen Ostküste viele interessante Menschen kennengelernt und halte noch heute zu einigen Kontakt.

Nach rund 26.000 km und vielen spannenden Eindrücken

näherte sich mein Aufenthalt in Australien dem Ende. Da mein Visum nach sechs Monaten ablief, machte ich mich schweren Herzens daran mein Auto in Sydney auf dem Automarkt in Kings Cross wieder zu verkaufen und flog anschließend nach Neuseeland. Diese Insel sollte nur ein kurzer Zwischenstopp werden, doch Neuseeland zog mich sofort in seinen Bann.

Meine zweimonatige Reise durch Neuseeland begann auf der Südinsel in Christchurch, wo ich als erstes meiner Leidenschaft, dem Skifahren, in den Bergen bei Wanaka nachging. Auch hier folgte ein Highlight dem nächsten: vom Gold schürfen in Shantytown, Kayaking mit Delphinen, River Rafting in Queenstown, Fallschirmspringen in der Bay of Islands bis hin zu Wanderungen in den eindrücklichen Nationalparks.

Nach einem kurzen Abstecher in die Südsee zur Entspannung ging es weiter nach Santiago de Chile. Dort lernte ich auf der Straße einen Einheimischen kennen, der mir anbot, mich in Spanisch zu unterrichten. Im Gegenzug versuchte ich ihm Englisch beizubringen. Ein interessanter Austausch!

Durch die Atacamawüste ging es anschließend weiter in Richtung Anden, mit dem Jeep bis auf 5.500 m hoch. Die Luft wurde dünn, aber auch extrem klar. So sieht man auf weiter Entfernung bereits die zahlreichen Flamingos in den türkisblauen Lagunen und ein wechselndes Lichtspiel in der weiten Landschaft zu jeder Tageszeit. Hier trifft man auch auf Lamas, Alpakas und Guanakos.

Obwohl die Bolivianer sehr arm sind, scheinen sie ein lebensfrohes Volk zu sein. In Potosi habe ich eine aktive Silbermine besucht, wo die Bergarbeiter in stickiger und staubiger Luft mit ihren blossen Händen das Silber zu Tage gefördert haben. Als Geschenk bringt man ihnen am besten Dynamitstangen mit, welche es am Markt zu kaufen gibt. In La Paz entschloß ich mich dann kurzerhand die sogenannte „Most Dangerous Road of the World" mit dem Fahrrad zu bezwingen. So ging es von 4.500 m direkt in den Dschungel. Dort stieg ich um auf ein Boot, welches mich tief in den Dschungel des Amazonas führte. Wieder zurück in der Zivilisation, ging es danach via Titicacasee in Richtung Machu Picchu und andere Inkastätten.

Meine Reise endete mit einem Besuch der Wasserfälle von Iguazu und leckerstem argentinischem Rindfleisch in Buenos Aires. Die letzten Monate vergingen wie im Flug und in Gedanken fing ich bereits an, die nächste Reise zu planen.

Raphael

*Anmerkung der Redaktion:*
Raphael hat sich seine Reiseträume auch ein zweites Mal erfüllt. Seine halbjährige Südamerikareise begann mit einer „Travel in Classroom"-Rundreise durch Ecuador und einem anschließenden Freiwilligen-Arbeitseinsatz auf den Galapagosinseln. Danach folgte ein Surfkurs im Norden Brasilien's, von wo aus er schließlich bis hinunter nach Patagonien reiste.

**Petra erzählt ...**

Mit 19 Jahren machte ich mich in meinem Beruf selbständig. Dies war wirklich lässig: ich war jung, hochmotiviert und voller Tatendrang. Nach sieben Jahren erfolgreichem Arbeiten hatte ich die Nase jedoch gestrichen voll und das Gefühl etwas zu verpassen. Ich wollte endlich einmal die Welt erobern!

Also begann ich kurzerhand eine Weltreise zu planen. Mein Flugticket sollte „open end" sein, denn ich wollte mich nicht festlegen und zu einem bestimmten Zeitpunkt zurück sein müssen. Ich wünschte mir uneingeschränkte Freiheit!

Plötzlich bekam ich jedoch Angst, alleine loszuziehen, was mich dann dazu bewog, ein Inserat im Globetrotterheft aufzugeben. Und siehe da, es meldeten sich zahlreiche Interessenten, welche mit mir auf Weltreise gehen wollten! Ich traf mich mit allen einzeln, wo auch immer diese zu Hause waren. Somit fing die Reise irgendwie auch schon an, denn da stieß ich mitunter auf Gestalten; unglaublich Spannende, Lustige und Fragwürdige!

Als ich dann die Glarnerin Sam (Samantha) traf, waren wir uns sofort einig; wir wollten zusammen losziehen! Gedacht, getan! Wir flogen nach Auckland. Wir kamen unversehrt dort an, unser Gepäck allerdings nicht (kreiste noch über Brasilien!?!). Das wenige, was wir noch hatten, wurde uns anschließend in einem billigen, lausigen Backpackerhostel gestohlen! Ja nu, wir hatten eh zuviel dabei!

Endlich ging es los, mein Zigeunerherz schlug wie Galleonstrommeln in meiner Brust. Drei Monate reisten wir gemeinsam durch Neuseeland und hatten eine fantastische Zeit. Danach musste Sam jedoch wieder in die Heimat zurück, da die Arbeit rief. Es folgten dann acht Monate Australien (what a wonderful time) und anschließend 12 Monate Zentral- und Südamerika. Für mich war es eine wunderbare Zeit, sehr reich an Erlebnissen, Eindrücken, Kontakten, Gerüchen, Farben, Fahrten, gestillten Sehnsüchten und neuerwachten Träumen und Zielen.

Gute Planung im Vorfeld ist gut und wichtig, aber das allerwichtigste für mich persönlich ist die eigene Neugierde auf Neues und Unbekanntes. Dann ist man am ehesten fähig, ohne große Vorstellung und Voreingenommenheit loszuziehen, sich auf das Neue einzulassen und einfach mal zu erleben!

Auf Entdeckungsreise, wohin und für wie lange auch immer zu gehen, empfinde ich als pure Lebendigkeit.

Petra

**Katja erzählt ...**

Noch heute denke ich mit Freude und auch viel Sehnsucht an meine Weltreise zurück. Das Abenteuer begann, als ich meinen damaligen Freund kennenlernte. Schon nach einigen Wochen erzählte er mir von seinen Plänen, eine Weltreise machen zu wollen. Bis zu diesem Zeitpunkt führten wir aufgrund der Entfernung nur eine Wochenendbeziehung. Da ich mein Studium gerade beendet und genügend Zeit zur Verfügung hatte, stand ich nun vor der Entscheidung, ihn auf dieses Abenteuer zu begleiten. Ich haderte sehr mit mir, da ich ihn im Grunde genommen erst acht Wochen kannte. Nach langem Überlegen entschied ich mich jedoch, mich vom Leben spontan mitreißen zu lassen.

Nicht einmal sechs Wochen später befand ich mich bereits im Flugzeug nach Südafrika und weiß noch genau, wie ich aus dem Fenster sah, und mich fragte, ob dies wohl die richtige Entscheidung gewesen ist bzw. ob ich den Flughafen von Berlin Tegel in acht Monaten wohl heil wiedersehen würde. Es blieb jedoch nicht viel Zeit zum Trübsal blasen, da der Lonely Planet, mein neuester und treuester Reisebegleiter, für Ablenkung sorgte. In ihm fand ich tausend gute Abenteuer, die ich unbedingt erleben wollte.

Mein damaliger Freund hatte beispielsweise die clevere Idee, in Südafrika zelten zu wollen. An dieser Stelle verdanke ich dem Lonely Planet wohl mein Leben, da dieser aufgrund der kriminellen Energie Südafrikas doch sehr davon abriet ... von den wilden Tieren in freier Natur ganz zu schweigen.

Da fällt mir spontan die gemeine Puffotter ein, die sich in Südafrika gern unsichtbar durch den Sand schlängelt. Der Haken an der Geschichte: Man sieht sie nicht, tritt nur kurz rauf, dann macht es puff und schon ist man tot. Kein Witz!

Ich überlebte Südafrika und kletterte bereits einen Monat später in Sydney über die Harbour Bridge. Ein wunderbares Erlebnis, dass ich nur jedem empfehlen kann. Da wir nur drei Tage für Sydney eingeplant hatten, ging es schon kurze Zeit später weiter nach Cairns. Dort mussten wir uns neuen Herausforderungen stellen, denn wer im Great Barrier Reef tauchen will, muss erst einmal eine medizinische Untersuchung ableisten, und beispielsweise 90 Minuten lang im Pool schwimmen, um im schlimmsten Fall im offenen Meer überleben zu können.

Das Tauchen selbst war dann ein großartiges Erlebnis: plötzlich und unerwartet tauchte ein Big-Wrassie-Fisch vor mir auf, dessen Farben mich an den Regenbogen erinnerten und dessen Augen so groß waren wie Suppentassen. Und auch wer nicht taucht, sollte sich einen Schnorchelausflug im Great Barrier Reef nicht entgehen lassen (dann aber für die Fische zum Anlocken genug Brot mitnehmen).

Unser nächster Halt war Neuseeland – ein Land von dem ich behaupte, es ist das Schönste auf der Welt. Hier sollte man sich unbedingt einen Mietwagen und genügend Zeit nehmen, um dieses tolle Land ausgiebig zu erkunden. Acht Wochen wären hier Minimum, um beide Inseln halbwegs gesehen zu haben.

Am besten fand ich die Waitomo Caves, wo ich das erste Mal in meinem Leben Glühwürmchen in absoluter Dunkelheit erleben durfte. Der Anbieter, den wir gebucht hatten, bot zusätzlich eine Nachtwanderung durch den Dschungel an, bei der man barfuss und in totaler Dunkelheit gemeinschaftlich, sich an den Händen haltend, durch die Wildnis kämpfen musste. Es kostete einige Überwindung: Aber nur wer seine Angst überwindet, wächst über sich hinaus!

Schweren Herzens verließen wir Neuseeland nach zwei Monaten und fanden uns auf einer winzigen Südseeinsel in der Nähe von Fiji wieder. Hier mussten wir uns von allem Luxus dieser Wert verabschieden und lebten für drei Wochen wie Robinson ohne Strom, fliessend Wasser und vom täglichen Fischfang. Von nun an wurde *The Art of doing nothing* groß geschrieben.

Eine wunderbare Zeit, auf die man sich unbedingt einlassen sollte. So hatte ich Gelegenheit, mein „normales" Leben in der zivilisierten Welt einmal aus weiter Entfernung zu reflektieren und stellte dabei fest, dass man auch ohne jeglichen materiellen Schnick Schnack unglaublich glücklich sein kann. Nie werde ich den Tag unserer Abreise von der Südseeinsel vergessen, als die Familie dieser Insel ihre Gitarren herausholte und uns ein Abschiedslied sang, während wir in das kleine Boot stiegen und wussten, dass es nun wieder zurück in die große hochmoderne Welt (Los Angeles) geht.

In Los Angeles mieteten wir uns ein Auto und erkundeten die nähere Umgebung. Besonders empfehlenswert ist die Strecke der Big Sur bzw. des Highways Nr.1, den man unbedingt abfahren sollte, um eine Vorstellung von der Schönheit dieses Landes zu bekommen. Insbesondere der Lake Tahoe ist mir in unvergesslicher Erinnerung geblieben. Das Zelt an diesem gigantischen, glasklaren und traumhaft schönen See aufzustellen, ist wohl eines der Highlights an der Westküste. Krönender Abschluss unserer Reise war schließlich Las Vegas, wo ich innerhalb weniger Minuten 200.– US$ investiert und glorreich verloren habe.

Meine Reise näherte sich nun dem Ende, da mein Freund und ich unterwegs festgestellt hatten, dass sich unsere Wege irgendwann wieder trennen werden. 24 Stunden am Tag mit einem Menschen zu verbringen, kann wunderschön, manchmal aber auch mehr als anstrengend sein. Man lernt sich unglaublich gut kennen, weiß um die Stärken und Schwächen seines Reisepartners und stellt irgendwann fest, dass es entweder die große Liebe oder aber nur ein interessanter Wegbegleiter für eine schöne Zeit ist. Bei uns war es letzteres.

Während er nun seine Reise nach Kanada fortsetze, flog ich zurück ins traute Deutschland und musste mit Entsetzen feststellen, dass ich große Schwierigkeiten hatte, mich hier wieder zurecht zu finden. Ich würde also jedem dringend raten, nach Abschluss dieses gigantischen Weltreise-Abenteuers sich die Zeit zu nehmen und noch ein oder zwei Wochen zu Hause zur Ruhe kommen, um das Erlebte wenigstens in Ansätzen verarbeiten zu können.

Noch heute – viele Jahre später – denke ich in oft an diese Reise zurück und stelle für mich fest, dass es bis jetzt das größte Abenteuer meines Lebens war! Aus diesem Grund habe ich beschlossen, das große Abenteuer ein zweites Mal zu wagen und plane derzeit mit meinem neuen Freund eine viermonatige Weltreise, die uns quer durch Afrika, den Himalaya und Südamerika führen wird.

Katja

## Über die Autorin

Jeannette Zeuner, Dipl. Kauffrau für Tourismuswirtschaft und Dipl. Desktop Publisher, hat ihre Leidenschaften Reisen und Bücher zu ihrem Beruf gemacht. Mit ihrer Agentur BookDesigns *(www.bookdesigns.de)* gestaltet und veröffentlicht sie Bücher für Indie-Autoren. Zusätzlich bietet sie Grafik Design im Tourismus an *(www.z-publishing.de)*.

Nach ihrer Weltreise war sie einige Jahre als Reiseberaterin tätig und verkaufte Reisen in alle Welt. Für das vorliegende Buch wurden die Erfahrungen während ihrer eigenen Reisen und Kenntnisse aus der Reisebranche durch eine fundierte Recherche ergänzt.

**Weitere Veröffentlichungen:**

Happy Landings – Reiseführer für Hobbypiloten
ISBN 978-3842342354
www.happylandings-reisefuehrer.de

Praxishandbuch Selfpublishing – Wie Sie Ihr Buch oder E-Book selbst veröffentlichen
ISBN 978-3844207682, als E-Book und Printversion erhältlich
www.buchveroeffentlichen.com

## Erlebnisberichte

Ganz besonderer Dank gilt Patrick, Raphael, Katja, Kristina und Petra für ihre Reiseberichte in diesem Buch.

## Bildnachweis

Innentitel: © Veterdraw | Dreamstime.com

Inhaltsverzeichnis von links nach rechts:
© Andrey Kiselev | Dreamstime.com
© USA – Mathias Wenger
© Kamschatka – Mathias Wenger
© Kanada – Mathias Wenger
© Martinmark | Dreamstime.com

Seite 12
Bild 1: © Darren Bradley | Dreamstime.com
Bild 2: © Videowokart | Dreamstime.com
Bild 3: © Christophe Testi | Dreamstime.com

Seite 13
Bild 4: © Sphraner | Dreamstime.com
Bild 5: © Image Focus | Dreamstime.com
Bild 6: © Moosi1a | Dreamstime.com

Seite 14
Bild 7: © Olena Buyskykh | Dreamstime.com
Bild 8: © Minyun Zhou | Dreamstime.com
Bild 9: © Plotnikov | Dreamstime.com

Seite 15
Bild 10: © Tim Martin | Dreamstime.com
Bild 11: © Elena Dremova | Dreamstime.com
Bild 12: © Ayers Rock – Raphael Diotti

Seite 16
Bild 13: © Great Barrier Reef – Jeannette Zeuner
Bild 14: © Sydney – Raphael Diotti
Bild 15: © Frhojdysz | Dreamstime.com
Bild 16: © Samoa – Jeannette Zeuner

Seite 17
Bild 17: © Cloudia Newland | Dreamstime.com
Bild 18: © Neuseeland – Jeannette Zeuner
Bild 19: © Neuseeland – Jeannette Zeuner

Seite 18
Bild 20: © Iguazu Falls – Raphael Diotti
Bild 21: © Galapagos Inseln – Mathias Wenger
Bild 22: © Bolivien – Mathias Wenger

Seite 19
Bild 23: © Machu Picchu – Raphael Diotti
Bild 24: © Titicacasee – Raphael Diotti
Bild 25: © Bolivien – Raphael Diotti

Seite 26: © Passport – © S-e-r-g-o | Dreamstime.com
Seite 115: © Vectomart | Dreamstime.com

Stamps illustrated by
© Albert Campbell | Dreamstime.com
© Flavijus | Dreamstime.com
© Eszawa | Dreamstime.com
© Oxlock | Dreamstime.com